図説

英国執事

貴族をささえる執事の素顔

Illustrated British Butler

村上リコ

Rico Murakami

河出書房新社

図説　英国執事

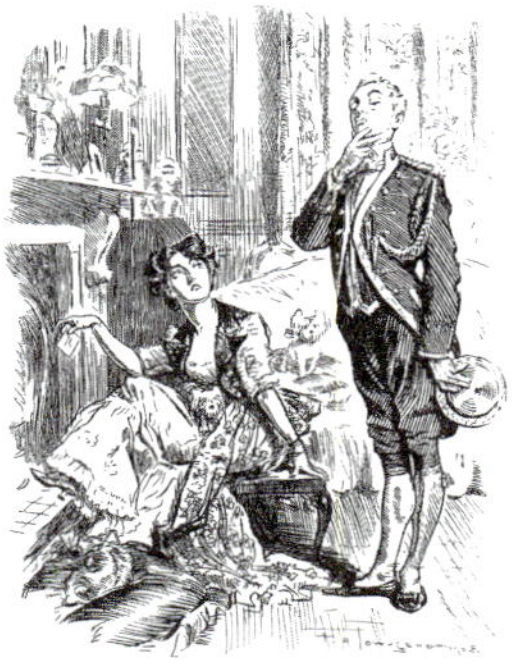

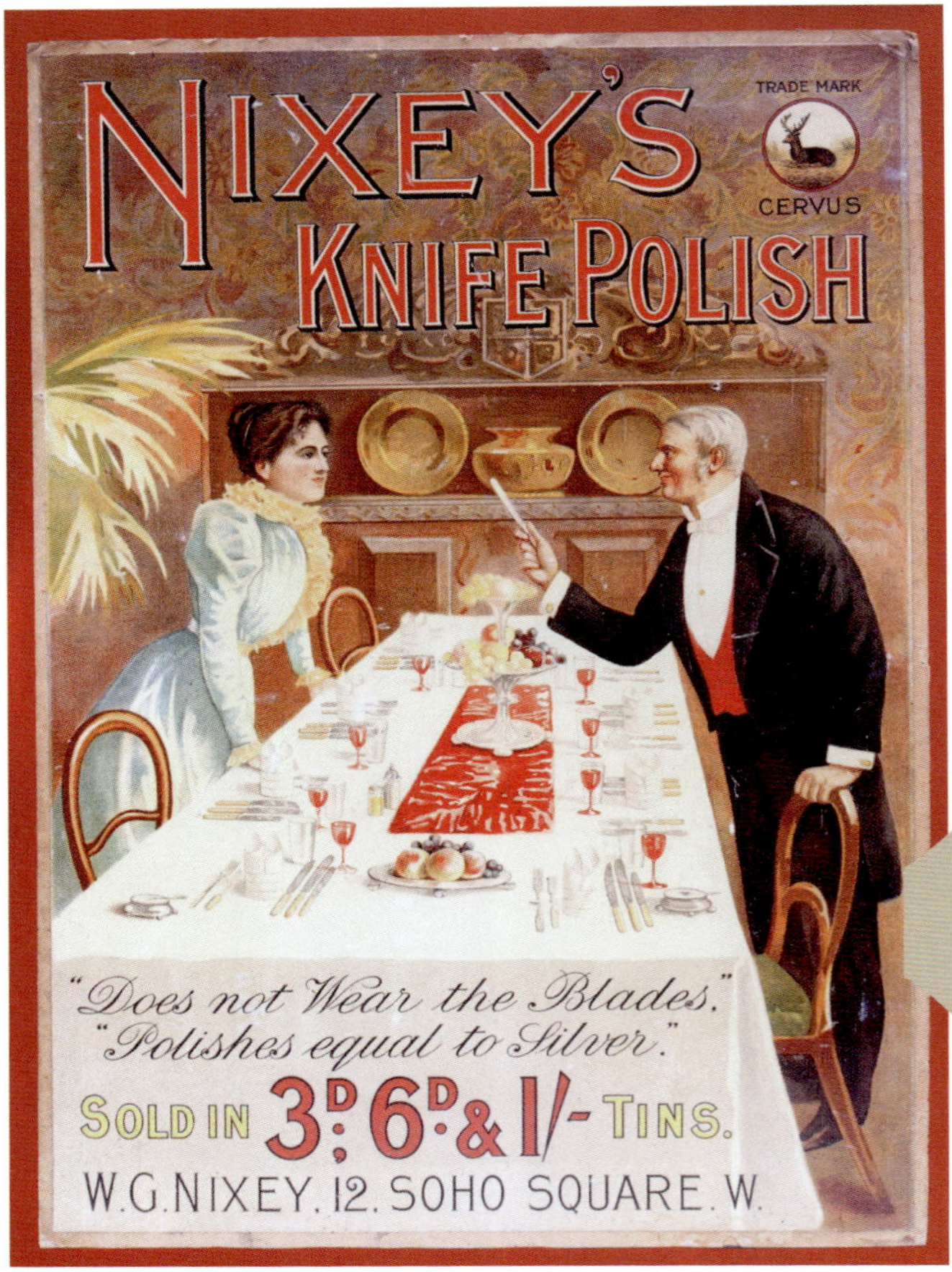

ナイフ磨きパウダーの広告。準備を終えたテーブルについて話し合う女主人と執事。

序章　執事の幻影

男性使用人の実像を求めて

二〇一一年の春に、ふくろうの本シリーズの一冊として『図説　英国メイドの日常』という本を上梓した。一〇〇年前の英国における、女性家事使用人、すなわち「メイド」たちの実態と心情を明らかにする本である。本書はその姉妹編――いや、「姉弟編」になるだろうか。「執事《しつじ》」を代表に、今度は男性家事使用人たちの生活に目を向けていきたい。

それでは、と、腰を落ち着けて資料を整理しはじめたところで困惑する。――主流の歴史や美術の世界からはほぼ無視されてきたとはいえ、メイドを描いた同時代の図像はあれほどたくさんあって、一冊の図説本には収めきれないほどだった。なのに、男性使用人のほうはというと、とりわけランクの高い「執事」を主役にした図は、思った以上に少ない。

前著に引き続き、本書でも図像の主要な参照元としているもののひとつに、雑誌『パンチ』の木版画がある。一八四一年から一九九二年まで、一五〇年以上も続いた諷刺《ふうし》漫画誌で、そのときどきの政治や世相《せそう》

ビン入りトニックウォーターの広告。酒や飲み物の給仕は執事の仕事。1907年。

クリストファー・リチャード・ウィン・ネヴィンソン「シットウェル家の執事ヘンリー・モート（または、彼は財産を築いたが息子を失った）」1918年。紳士然としてモデルを務める執事の背後の壁には、彼が日々悩まされていた使用人呼び出しベルのボタンや、戦争で失った息子の肖像写真がある。皮肉な肖像画。

『パンチ』誌の編集会議が行われた「パンチ・テーブル」は「マホガニーの木」とも呼ばれた。リンリー・サンボーンによる口絵、1891年。

を斬りつつ、身近な家庭内の問題にも目を向けて人気を博した。戯画《ぎが》化され、大きく歪められているとはいえ、過去の英国社会の姿を知るには格好のビジュアル資料である。

たとえばこの『パンチ』の、一八九〇年から三年分の合本をざっとめくってみる。メイドを描いたものは、一年につき五〜八点。それに対して執事は、多い年で三回しか登場せず、まったく描かれない年もあった。

このように執事の漫画が少ない理由のひとつに、『パンチ』の制作現場が男社会であったことがあげられるかもしれない。週に一度の編集会議を兼ねた食事会は、二〇世紀にマーガレット・サッチャー元首相がゲストとして参加するまで、伝統的に女人禁制であったという。男性の目線でつくったメディアなのだから、むさくるしい年配の執事よりは、美しい淑女《しゅくじょ》や、可愛いメイドを描いた方が楽しかったのかもしれない。

もうひとつ考えられるのは、描き手の家にも大多数の読み手の家にも、執事がいなかった可能性だ。『パンチ』は、英国ヴィクトリア時代の繁栄を支えた新興中流階級を主なターゲットとしていた。けれど、安あがりな若いメイドに比べて、経験のある大人の男性を雇い続けることは、相当な財力のある貴族や大金持ちでなければ難しかった。一九〇一年から、パンチの主席イラストレーターとなったリンリー・サンボーンの家にも、女性料理人とハウスメイド、パーラーメイド、ナースメイドのみで、常駐の屋内男性使用人は雇われていなかった。男性スタッフとしては、別建ての厩舎《きゅうしゃ》に馬の世話係ひとりと、臨時雇いの庭師、そして晩餐会があるときだけ手伝いを呼ぶにとどまっていた。

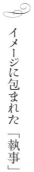

ウォルター・デンビー・サドラー（1854～1923）「執事のグラス」。
執事とワインは切っても切れない間柄だった。

一八八一年の国勢調査によると、英国とウェールズの屋内女性家事使用人はおよそ一二三万人。一方、御者《ぎょしゃ》や庭師を除いた屋内男性家事使用人は五万六〇〇〇人だった。女性が男性の実に二二倍である。つまり、メイドは働く女性の圧倒的多数だったが、男性のなかでは、執事のような仕事を選ぶ人は少数だったと見てよいだろう。

イメージに包まれた「執事」

現代において、映画や文学のなかで「執事」のキャラクターが登場するとき、読者の脳裏には、黒い燕尾《えんび》服《ふく》に身をつつんだ、上品で控えめで物腰柔らかな男性の姿が浮かぶ。たとえば一九三〇年代の貴族の邸宅を舞台にした映画「日の名残り」（一九九三年）などはその典型だ。たいてい時代はヴィクトリア時代から二〇世紀初頭にかけてのどこかで、たとえ現代が舞台であっても、そのような古きよき時代の空気を身にまとわせ、――というよりむしろ、その雰囲気にみずから溶け込むかのようにたたずんでいる。ところが、数のうえからいえば、「英国執事」という言葉とセットで想起される「古きよき時代」であっても、生まれ

ウィリアム・クウィラー・オーチャードソン「功利的結婚」1883年。美しいドレス、上品なマナー、調度品、美食。そして執事も、上流生活の必須アイテムだった。愛の冷めた夫婦を描いたこの絵は発表されるや大変な人気を博した。

ボーアム氏のたいくつな招待会で……たったひとりのフットマンにお客が大勢群がって「「「「「「私の馬車はまだかね？」」」」」」『パンチ』1886年6月12日。

た立場や階級によっては、そもそもあまり出会うことのない存在だった。

確かなイメージはあるけれど、稀少ゆえに、あるいは脇役に徹する立場ゆえに、実体が見えてこない「英国執事」。幻想に包まれた執事や男性使用人たちの現実の生活を、さまざまな図像や資料を用いて明らかにしてゆこう。

column

英国の階級

英国は階級社会である。時代につれて定義や境界線は移り変わっていくものの、階級の存在そのものは現在にいたるまで続いている。19世紀のヴィクトリア時代は、上流・中流・労働者階級の3つの階級でとらえるのが一般的だ。

上流階級

上流階級は、貴族と地主からなる。土地を貸して得られる収入や金利で、労働せずに生活できるのがたてまえであった。伝統的に、政治や司法など国の上層部における重要な地位を占めてきた。

ジェームズ・ティソ（1836～1902）「野心家（政界の貴婦人）」1883～85年頃の作品。

中流階級

中流階級は、ビジネスで生計をたてる人びとだ。収入の実態や背景は非常に幅広い。聖職者、法廷弁護士、海軍や陸軍の士官、内科医など、伝統的に上品な職業として扱われてきた専門職と、企業家として財を成した人びとは「上層中流階級」。事務員や公務員などは「下層中流階級」に分類される。彼らは、上品で知的で勤勉な生活を求める、ヴィクトリア時代に特有の価値観を担っていた。

ヒューバート・フォン・ハーコマー（1849～1914）「ストライキ」1891年。

労働者階級

労働者階級は、その名のとおり、肉体労働によって対価を受け取る人びとである。執事やメイドたち家事使用人はここに属する。収入は少なく、教育の質も量も満足できるものではなく、過酷な生活を強いられてきた。とはいえ、19世紀末から20世紀にかけて、公教育の導入、選挙権の拡大などを経て、しだいに発言権を強めていった。

column

執事に扮する政治家たち

1841年に創刊された週刊の諷刺漫画誌『パンチ』は、幅広いトピックを扱って新興中流階級の支持を得た。創刊当初からの評判を支えたのは、時事や政局への鋭い批評である。

そのときどきの有名人の行動を、あの手この手で戯画化し、笑いのめす。神話や物語のキャラクターから庶民的な職業まで、さまざまな扮装が登場するが、国に奉仕する役回りの政治家には、どうやら執事の役がぴったりくるようだ。

自由党首相グラッドストーン（1809～98年）が、英国を擬人化した女神ブリタニアに「休暇をとってもよろしいでしょうか」問題が山積みでも、夏になると議会は休会してしまう。『パンチ』1871年8月26日。

鉄道売店チェーンで財をなし、大臣を歴任したウィリアム・ヘンリー・スミス（1825～91年）。「デザートがほしいですって？　お嬢様、まだ二つ目の料理（条項）を出したばかりですのに!」1887年4月16日。

同じくグラッドストーンとブリタニア。「〈ビル〉（＊「請求書」と「議案」の意味がある）を片付けたら〈ハウス〉（＊「国会」もさす）を閉めて海に行くわよ」「かしこまりました奥様」と、食卓のロウソクを専用の器具で消す。1873年7月19日。

修正案の嵐を浴びせられて狼狽するスミス執事。「このような事態が続くなら、断固として辞職予告を出さねば!」1889年3月30日。

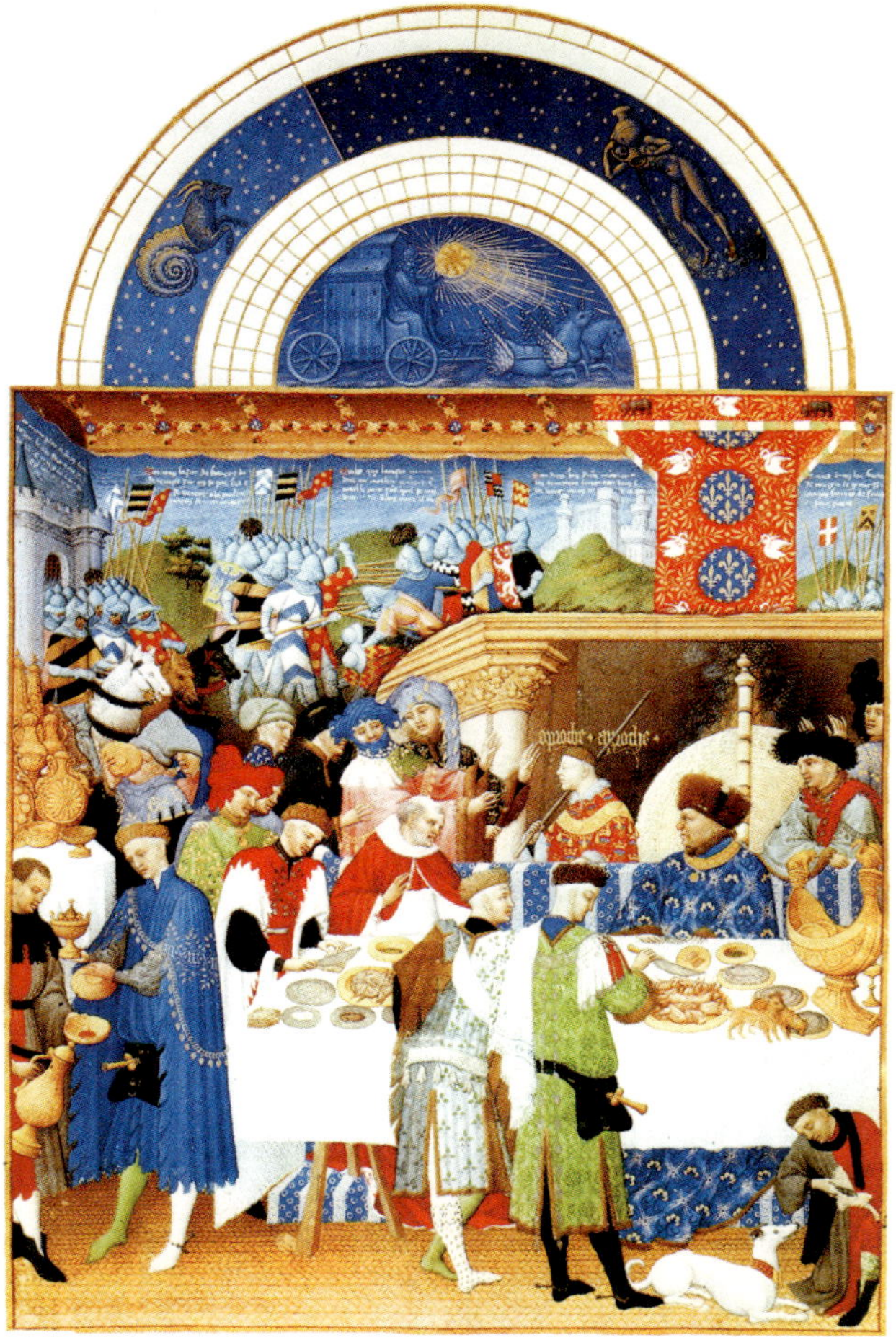

『ベリー公のいとも豪華なる時禱書』（1410年代）より、フランス貴族ベリー公爵の儀礼的な正餐風景。天蓋の下に座る青い服の男性が公爵、その左奥で棒を持って立っているのがスチュワード。テーブルの手前に肉切り係と給仕係。画面左には金の杯で酒を毒見している係がいる。

第1章 執事の起源

壮麗な貴族の邸宅

本書の目的は、一九世紀後半から二〇世紀初頭を中心として、さまざまな図像や資料をもとに、「英国執事」の実像と生活ぶりを明らかにすることにある。

とはいえ、まず「執事」という言葉に注意が必要だ。英語の「バトラー」という言葉に日本語の「執事」をあてはめることが多いけれど、別の仕事をさす別の言葉にも、同じ「執事」という訳語があてられる場合があるからだ。

大邸宅の屋内で働く男性家事使用人の中で「家令《ハウス・スチュワード》」、「執事《バトラー》」、「従者《ヴァレット》」は、訳によっては「執事」と表記されることがある。さらに言葉は生き物であって、時代の移り変わりにつれて、仕事内容も立ち位置も変わってしまう。この三つの仕事の変遷を、大邸宅の家事使用人の歴史に重ねて追ってみよう。

中世の家事使用人

中世の頃、すなわち一五世紀くらいまでの英国貴族の家庭には、今よりもずっと多くの人間がひしめきあっていた。ただ子だくさんだとか、親戚が多いということだけではない。かつては、ひとつ屋根の下に寄宿している私兵や、家事使用人も、身分の差にかかわらず「家族《ファミリー》」の一員に数えられていたからだ。

貴族たちは王に仕える。騎士や紳士《ジェントルマン》は、高い位の大貴族に仕える。当時の貴族や紳士たちには、より上位の有力な家へ、自分の子どもを送り込むという慣習があった。

チャールズ二世（在位1660～85年）の食事風景。王冠をかぶって座る王の脇で膝をついて酒を出す給仕人の姿がみえる。

若者たちは、みずからも紳士の家の出身ながら、他の家に住み込んで使用人として働いていたのである。

料理や皿洗い、洗濯などの実質的な肉体労働は、「独立自営農《ヨーマン》」以下の家から来た者が担っていた。良家の子息・令嬢たちは、庶民の使用人より一段上の立場におかれ、主君一家と直接ふれあうような職務についていた。主人や奥様の身のまわりの世話や、食卓の給仕、酒の酌などである。主人の手を洗う水鉢を持つ役と、タオルを捧げ持つ役がはっきりと分かれていたり、飲み物を出すたびにうやうやしくひざまずいたり、食卓の肉を片端から切って食べて毒見役をつとめたり。貴族の館は仰々しい儀礼に満ちていた。こうして良家の若者たちは、使用人の経験をとおして礼儀作法や教育を身につけ、ときには働きに来ている異性に結婚相手を求めた。ただ、当時の貴族世帯は圧倒的に男ばかりで構成されていたので、良縁の競争率は高かったことだろう。

中世の人びとにとって、他家の使用人になることは必ずしも恥ではなく、主人の紋《もん》章《しょう》やお仕着《しき》せを身につけて闊歩《かっぽ》することは、むしろ名誉とみなされていた。危険な時代に一族の安全を確保しながら、出世の道を開くひとつの方法だったのだ。

「スチュワード」の起源は紳士の身分

中世の貴族の館には、一〇〇人や二〇〇人もの人間がいた。数多くの使用人が、それぞれに細分化された役割を担う。この複雑な組織の頂点にいたのが「スチュワード」だった。

彼は家の中のことだけでなく領地全体の運営も任され、主人の収入を支える役割を担っていた。また、領主たちは領地内の司法を握っていたが、スチュワードは領地裁判の事務も取り仕切った。中世のスチュワードは使用人のリーダーでもあり、法律家でもあったのである。

やがて時が移るにつれて、領地の運営は「ランド」・スチュワードの担当になり、そして家内の運営は「ハウス」・スチュワードの手へと、それぞれ分かれて引き継がれていった。

身分の点をみていくと、中世のスチュワードはかならず紳士の出身で、ときには騎士のことさえあった。立場は使用人ながら、同僚たちのなかでは頂点であって、主人との身分の差は比較的少ない。夫をなくした未亡人や家の令嬢をめとり、まんまと「城持ちのご領主様」へ成り上がるスチュワードもいた。

　時代がすすむと、主従の身分の溝は総じて深まってゆく。一七世紀には、良家の子女が他の家に仕える慣習はほぼすたれていた。それなりに良い出自の使用人がいても、商人や聖職者、軍人などの中流階級どまり。「紳士の使用人」は姿を消していったのだ。たとえば一八世紀の初め、ある伯爵家に縁を持つ男性が、公爵家のスチュワードに応募したところ、家柄が良すぎるといって断られてしまったという。一八世紀が終わる頃には「家族」という言葉に使用人が含まれることはなくなった。

　一八世紀から一九世紀初頭にかけて、貴族の領地でも、大規模な農法の改良や、鉱山の開発がさかんに行われていた。生産効率が飛躍的に伸びると、伝統的な体制では追いつかず、大事業を有能に処理する経営のプロフェッショナルが求められるようになる。そこで、ランド・スチュワードやスチュワードという従来の名前よりも、「ランド・エージェント」や、ただ「エージェント」と呼ばれることが多くなった。

　スチュワードが「エージェント」に変わるということは、収入の点でも社会的立場の点でも大きく格上げされることを意味していた。一九世紀中盤以降のエージェントは、きちんとした教育が必要な専門職である。大貴族の領地を預かれば、小地主や並の中流階級を超える高額の報酬も期待できた。

　家内の使用人、つまり家令や執事とくらべても、もちろんエージェントのほうが立場は上。雇い主と同格の上流紳士扱いはできないけれど、ときどきは招待をうけて同じ食卓を囲んだりもする。かつてはあくまで使用人のなかのトップであった存在が、男性指導教師《チューター》や邸宅付きの聖職者に近い地位まで上昇したのだ。

　以降の時代は、頭になにもつかない「スチュワード」といった場合、「ランド」・ス

事務机にすわったランド・エージェントが借地人（テナント）に地代の値上げを通告するが、のらりくらりとかわされる。ポストカード、1908年消印。

chapter 1

チュワードよりは「家令《ハウス・スチュワード》」のほうを意味することのほうが多くなった。使用人をとりまとめ、家計を管理し、家の運営を引き受ける彼ら家令は、王室や上流貴族のごく大規模な邸宅に限っては、二〇世紀になってもこの名前で生き残ることになる。

酒類担当だった「執事」

「執事《バトラー》」の語源は古フランス語の「bouteillier」である。「酒のお酌係《カップ・ベアラー》」という意味で、その言葉の示すとおり、執事の歴史は酒類と結びついている。

　中世の貴族の城館の中心は、天井の高い巨大な「ホール」だった。邸宅の主や、同格の客人たちと、スチュワードをはじめとする上級の使用人たちは、ここに集って食事をとった。ホールの奥の壁には三つのアーチがあって、中央の出口はキッチンへ向かう通路につながり、左右の扉はそれぞれ、ビールやロウソクを用意する「飲料保管室《バタリー》」と、パンを出す「食品保管室《パントリー》」に続いていた。

　ちなみに、このパントリーという部屋は現代にいたるまで生き残っており、大邸宅のみならず小さな都会の家にも、その名残りが見られる。パンや乾物などの食料品をしまっておく小さな倉庫や戸棚をパントリーと呼ぶのである。ただし、頭にひとこと付いて「執事の作業室《バトラーズ・パントリー》」になった場合は、

大邸宅「チャッツワース」邸の執事の肖像画。おそらく19世紀中〜後期のもの。

「子羊の結婚」（1325 〜 50年頃）の一部。三人の給仕人が食事を運び、音楽を奏でる使用人もいる。

部屋の性質が変わる。これは食品の倉庫ではなく、その名のとおり執事の領域だ。執事が部下たちを率いて、銀食器の手入れなど各種の作業をおこなう部屋になる。

さて、中世に話をもどすと、飲料保管室長は「ヨーマン・オブ・ザ・バタリー」または「バトラー」と呼ばれ、ワインとビールに責任を持っていた。食品保管室長は「ヨーマン・オブ・ザ・パントリー」または「パンター」であり、パン、塩、食器を管理した。一七世紀までにこの二つの職が結合し、その他の仕事も吸収しながら「執事《バトラー》」が形成されてゆく。

夜の正装に着替えた主人の側で、出かけるためのコートをかかげて待つ従者。20世紀初頭。

バトラーやパンターの出身階級は、前述のスチュワードと違って紳士ではない。これは後世になっても変わりはなかったが、家内の使用人たちのあいだでの執事の地位は大きく変化した。中世の昔には、いくつもある作業用の部屋のリーダーでしかなく、主人に直接かしずく栄誉には浴していなかった。しかし「紳士出の使用人」たちが姿を消したあとを埋めるかのように、執事の地位は上昇していく。家令が置かれない家ではその仕事も吸収し、ついには家内の使用人のトップに達するのである。

六〇〇年前の貴族の館において、執事とは、酒類や食器を担当する中間管理職であった。一九世紀から二〇世紀におけるその子孫たちは、ワインセラーと銀器を本分とする点は受け継ぎながら、給仕や接客、人事、経理といった部分まで担当領域を広げ、非常に重要な地位を占めていた。同じバトラーと呼ばれていても、時代によって、彼の地位と担当する仕事は変動してきたのである。

従者、または紳士お側付きの紳士

執事《バトラー》は家内全体の面倒を見るが、従者《ヴァレット》は原則としてひとりの主人の世話をする。貴族が周囲に権勢《けんせい》を見せつける方法にはさまざまあるが、女性ならレディーズメイド、男性なら従者という個人専用の使用人を持つという贅沢《ぜいたく》もそのひとつだった。この人びとは主人の服やひげや身だしなみに責任を持った。

従者には「紳士お側付きの紳士《ジェントルマンズ・ジェントルマン》」という別名がある。それは儀礼的な敬称のようなもので、少なくとも一九世紀や二〇世紀の従者は、ほんとうに紳士の身分であるわけではなかった。ただし、中世まで時代をさかのぼれば、領主の側付きには、たしかに「チェンバレン」という紳士の使用人がいて、主人の衣服と私室《チェンバー》に責任を持っていた。その部下には「ヨーマン・オブ・ザ・チェンバー」と呼ばれるスタッフがおり、主人の衣類にブラシをかけたり、靴や靴下をそろえたり、寒い日には火のそばで下着を温めたりというような作業に携わっていた。この、チェンバーについていた人びとが、のちの従者の祖先と考えられている。

英国の大邸宅がフランス文化の影響を強く受けた一七世紀頃に、部屋の名前から食習慣まで、多くのフランス語が取り入れられた。この時期までに、「ヨーマン・オブ・ザ・チェンバー」は「ヴァレ・ド・シャーンブル」とフランス風に変わり、やがて後半部分が省略されて「ヴァレット」という英語に定着していったと推測される。

ヴァレットは従者のほかに、執事、従僕、近侍などと訳されることがある。そして従僕という日本語にフットマンという英語を対応させる場合もある。混乱をさけるため、本書のなかでは「従僕」という言葉は用いないことにする。

いろいろな訳語を与えられ、幅広いイメージをまとわされてきた「執事」たち。彼らが実際に行っていた仕事の内容、送ってきた日々のできごと、イメージの奥の心情について、続く章でくわしく検討していきたい。

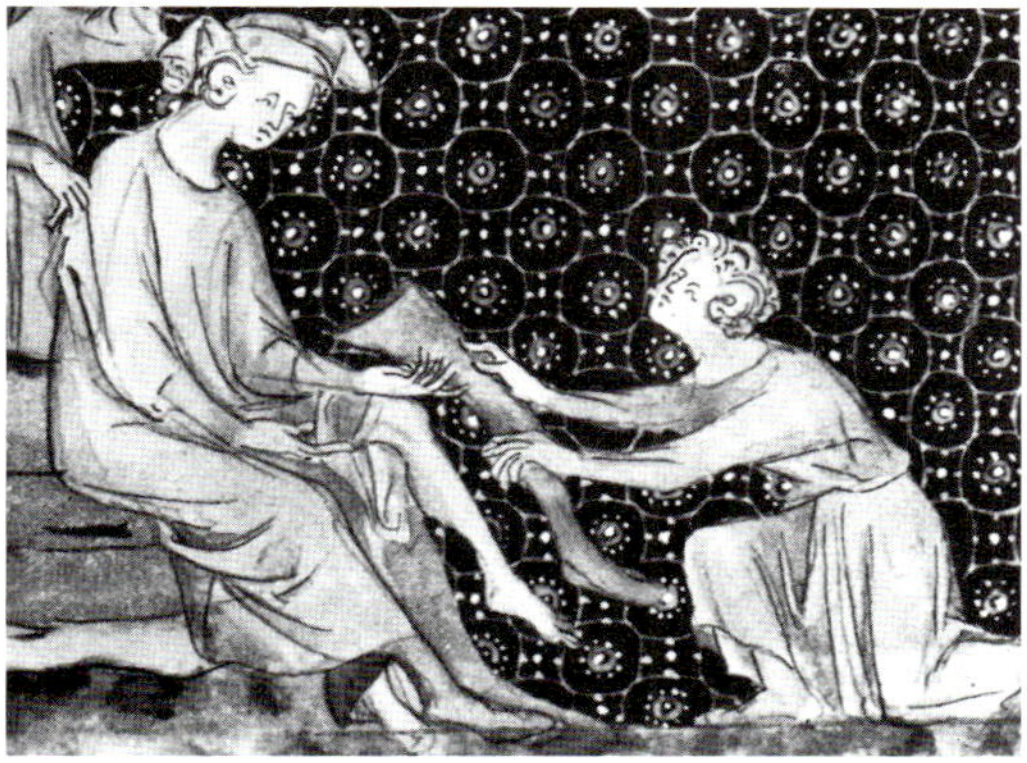

主人にかしずき、靴下をはかせようとする「チェンバレン」。1320年。

アイザック・オリバー「ブラウン兄弟」（1598年）部分。主人より時代遅れの襟（ラフ）と、エプロンを身に着けた16世紀の従者（右）。

column

主な家事使用人一覧

邸宅「オードリー・エンド」の使用人、1925年。中央のコックを挟んで二人のハウスメイド。左端の男性は御者、右端は自動車の運転手。他はおそらく庭師または厩務員。

男性使用人

家令（ハウス・スチュワード、スチュワード）

家内の使用人のトップに立つ使用人頭。主人の個人付き使用人を除くスタッフの採用と解雇を担当する。経費を帳簿につけ、請求書の支払いを行う。主人の手紙の代筆を行い、旅行の手配や、家から家へと世帯が移動するときの指揮もとる。相当に規模の大きな家にしかこの職は置かれない。

執事（バトラー）

酒類の管理に責任を持つ使用人。部下のフットマンを監督して、食卓の給仕や銀器の管理を行う。家令がいない家では、人事・経理業務は執事の領域となる。家令と執事が両方いることは少なく、家令の下に銀器担当の下級執事《アンダーバトラー》、ワインを管理するワインバトラーなどの下位職が置かれる場合もあった。

グルーム・オブ・チェンバーズ

応接間類の美観に責任を持つ。来客を受け入れて応接間や客間や寝室に通し、クッションや椅子の位置を直したり、書き物机に備え付けの文房具を補充したりする。多分に儀礼的な職で、規模の大きな家にしかいない。

従者（ヴァレット）

男性の主人の身のまわりの世話をする個人付き使用人。衣服の管理と旅行時の荷造りに責任を持つ。海外旅行にも帯同するので、時刻表に精通することはもちろん、ある程度の外国語もできることが望ましかった。「執事兼従者」として二つの職を兼任する場合も多かった。

フットマン

華やかなお仕着せを身につけ、客の応対や、馬車での外出の付き添い、食卓の給仕を行う。接客業務がないときは執事とともに銀食器の手入れに従事した。

ホールボーイ、ページボーイ、その他

若い少年がなる見習い職。重いものを運んだり、ブーツやナイフを磨くなどの汚れ仕事に携わる。ページボーイはたくさんのボタンがついた独特のお仕着せを着るので「ボタンズ」とも呼ばれた。

御者（コーチマン）、馬丁（グルーム）

御者は自家用馬車を操り、馬車の手入れを担当する。主人を乗せて外出するときにはお仕着せを身につけ、儀礼的な役割も果たす。馬丁は馬の手入れと調教を担当する世話係であった。

庭師（ガーデナー）

菜園や温室、果樹園を手入れし、自家製の野菜や果物をキッチンに提供する。装飾用の花も作る。大きな家では数十人の見習いを部下に使っていた。

猟場番人（ゲームキーパー）

「ゲーム」とは猟の獲物となる鳥や獣のこと。狩猟のさいに放たれるキジなどを大規模に育て、猟場を見回って密猟者を追い払う。狩りの日には帯同してサポートを行った。

御者のお仕着せ。羽根つきのトップハットにブーツ。

御者のコート。馬車の御者席は吹きさらしなので暖かい服が必要だった。

1881年頃の男性使用人の特注服。フットマンの略礼服。お尻にもついている金属製のボタンが特徴。

女性使用人

ハウスキーパー

ハウスキーパーは、室内の女性使用人を統括するリーダー。リネンと陶磁器を管理し、生鮮食品をのぞく日用品の購入と支給を担当する。彼女の管轄下には掃除を担当するハウスメイドたちがいた。また、スティルルームと呼ばれるレンジとシンクを備えた小さなキッチンを使って、ハウスキーパーとスティルルームメイドが、お茶やコーヒー、軽食、ジャムやピクルスを作る家もあった。

コック

料理人。キッチンメイドを助手に使い、家族の食事の調理をする。食材を購入し、支払いを行う。多くの家ではコックは賃金の安い女性であった。キッチンの隣の洗い場《スカラリー》では、スカラリーメイドが洗い物に追われていた。

レディーズメイド

女性の個人付きメイド。ドレスの世話や髪結い、美容全般を担当する。

ナニー

子どもの世話を担当する使用人。子ども部屋付き《ナーサリー》メイド、またはナースメイドと呼ばれる部下を率いていた。

パーラーメイド

接客を担当するメイド。執事やフットマンがいないような小規模の家で、彼らの仕事の一部を引き継ぐ。

アルフレッド・エドワード・エムズリー（1848～1918）「ハドー・ハウスの晩餐」1884年。手前の席に女主人のアバディーン伯爵夫人が座り、右手にグラッドストーン首相。きらびやかな晩餐会。

第2章 主人の生活

執事たちの目に映る上流の暮らし

「この新しい世界は私を魅了してやみませんでした。気がつけば私は、上流社交界と、政治の世界と、田園の暮らしと、家庭生活とが混じりあう場所に足を踏み入れていたのです。初めの一、二か月は、考える時間もなかった。セント・ジェイムズ・スクウエア（＊アスター家のロンドンのタウンハウス）とクリヴデン（＊同家の本宅、カントリーハウス）を行き来する汽車のなかを除けば、一時間の休憩もとることはできなかったのですから」

（エドウィン・リー、一九一二年から五一年間アスター家に仕えた）

第一フットマンとしてアスター家に入ったエドウィン・リーは、あまりにも活発な主人夫妻の暮らしぶりに、目もくらむ思いで最初の二か月をすごした。ここで語られている「新しい世界」とは、主人のウォルドーフ・アスター氏とナンシー夫人をとりまく空間のことである。

ほんの短い言葉のなかに、英国の上流階

級に属する者たちの営みがすべて凝縮されているかのようだ。このあとアスター氏は、父親の爵位を受け継ぎ、二人は子爵夫妻となった。夫は貴族当主にして上院議員、妻も下院議員のカップルである。ロンドンの社交界、政界と、田園の大邸宅を、めまぐるしく行き来する生活であった。

バロック様式で知られる壮麗なヨークシャーの大邸宅「カースル・ハワード」。カーライル伯爵家の本拠地だった。

けれど——もし、なかば隠遁《いんとん》したような老人の家に、たったひとりの男性使用人として雇われたとしたら、訪れる客も少なく変化のない毎日が続いただろう。派手好きな主人に帯同して海外のリゾート地に行き、夜の娯楽を堪能《たんのう》した従者もいる。頻繁《ひんぱん》に大西洋を横断するビジネスマンにつけば、旅また旅の生活になる。年に数週間しか持ち主が来ないような辺境の城の執事になったなら、主人がいない残りの期間は「留守番」である。

　執事をはじめとする男性家事使用人は、貴族や地主、大富豪の企業家などでなければ雇えない、いわば「贅沢品」だった。しかし、華やかな暮らしの象徴である執事やフットマン自身の時間はというと、主人の収入規模と、彼らの生活スタイルに大きく依存していた。ここでは、使用人の生活実態に分け入る前に、まず、彼らの主人——「執事がいるような貴族の家」の一年の生活サイクルを追っていこう。

春——ロンドン社交期《シーズン》の始まり

　春から初夏までは社交の季節である。ヴィクトリア時代から二〇世紀前半には、例年二月、議会が開会されるのにあわせて、貴族の一部がそろそろとロンドンに集まってくるのが社交期の先触れと考えられていた。ちなみに、現代の会期は一一月から翌年一一月までの一年間となっている。

　なぜ議会かといえば、貴族は自動的に上院の議席を占める存在だったからだ。その人がまじめに出席するかどうかは関係ない。議席を持つ「貴族《ピアリッジ》」の称号は、上から公爵《デューク》、侯爵《マークイス》、伯爵《アール》、子爵《ヴァイカウント》、男爵《バロン》の五種類。そして、准男爵《バロネット》とナイトが続くが、最後の二つは厳密には貴族とは呼べず、上院の議席はない。准男爵やナイト、それ以外でも平民の身分で政治にかかわりたければ、下院に立候補して選挙に勝たねばならなかった。

　貴族の政治活動は伝統的に無報酬であった。彼らは働かなくても優雅に暮らせるだけの収入源を持っているのが前提であり、お金をかせぐためだけのビジネスに手を染めることはしないものと考えられていたのである。

　さて、議会の開会はスタートの合図にはなるけれど、本格的な社交期はここではまだ始まらない。一九世紀の後半以降、上流階級においては、冬から春先まで、カンヌやビアリッツなど南欧の避寒地に滞在する

column

クリヴデンとアスター子爵家

広大な敷地に囲まれたクリヴデン。ロンドンの国会議事堂の設計で知られるチャールズ・バリーが改築したもの。

アスター子爵家のロンドンのタウンハウスの食卓。夫人は椅子をなるべくくっつけて並べるよう主張した。そのほうが会話がはずむと考えたからだ。給仕役のフットマンは困ったようだが……。

1912年から1960年代までクリヴデンで働いていた執事エドウィン・リー。邸宅を背景に。

17世紀の狩猟別荘

「クリヴデン」は、ロンドンから車で40分ほど、今もバッキンガムシャーに建つカントリーハウスである。17世紀にバッキンガム公爵の狩猟別荘として建てられ、19世紀末にドイツ系アメリカ人の富豪アスター家が莫大な金額で購入。このアスター氏はのちに子爵位を得た。邸宅と地所は1906年に息子のウォルドーフ・アスターに贈与される。二代子爵と夫人のナンシーは、ともに保守党の政治家として、このクリヴデンを舞台に活動を繰り広げた。

邸宅は二代子爵の死後、長男のウィリアム・アスターに受け継がれた。のちにこの家は、「プロヒューモ事件」の舞台として全英の注目を集める。クリヴデンの敷地内で陸相のプロヒューモと娼婦のクリスティン・キーラーが会い、彼女がソ連の軍高官ともかかわっていたために、機密漏洩が疑われたのである。現在のクリヴデンは贅沢なカントリーハウス・ホテルとして運営されている。

レディーズメイドが書いた回想録

アスター子爵夫人ナンシーに仕えたレディーズメイドのロジーナ・ハリソンは、夫人との生活を書いた『ローズ、使用人としての私の人生（Rose: My Life In Service）』（1975年）を出版した。この自伝のヒットを受け、彼女はかつて同僚として働いた男性使用人たちの回想をまとめた『紳士お側付きの紳士たち（Gentlemen's Gentlemen: My Friends in Service）』（1976年）も出している。

なお、本書の中で引用している、ゴードン・グリメット、エドウィン・リー、チャールズ・ディーン、ジョージ・ワシントン、ピーター・ホワイトリーの五名の体験談は、主としてハリソンの『紳士お側付きの紳士たち』に依拠した。

ことが流行した。そして、春の訪れを告げる三月または四月の復活祭《イースター》をすぎ、五月に突入すると、いよいよシーズン最盛期が到来する。

　のちの英国首相チャーチルの母となったレディ・ランドルフ・チャーチルの回想によれば、一八八〇年代、一〇月から二月までのロンドンは「砂漠」だったという。けれど、五月一日になったとたん、中心部の高級住宅街にはいっせいに花が飾られ、息を吹き返した。

「晩餐会、舞踏会、数々のパーティーが、少しの休みもなく次々に押し寄せて、七月の終わりまで続きます。たった一度だけ中断するのは聖霊降臨節《せいれいこうりんせつ》（＊イースターから七週後の日曜日から始まる週）の議会休会のときだけ。競馬がお好きな人のなかにはニューマーケットで一週間をすごす方もわずかながらおりました。けれど、真に上流の方々は由緒正しい《クラシック》レースにしか集まりません――ザ・ダービー、アスコット、そしてグッドウッドです」

アメリカの大富豪の娘で、モールバラ公爵三男の妻となったレディ・ランドルフ・チャーチル。

レディ・ランドルフ・チャーチルと、息子でのちの首相ウィンストン・チャーチル（右）、弟のジョン。

競馬場はガーデンパーティー

社交行事のカレンダーは、毎年決まった日に設定されているものもあれば、流動的なものもあった。ニューマーケット競馬場の大きなレースは、四月か五月におこなわれる。現代では「クラシック・レース」のひとつに数えられているが、一九世紀の上流貴婦人にとってはそうではなかったようである。「ザ・ダービー」はエプソム競馬場で五月または六月に。アスコットはその翌週。グッドウッドのレースは例年七月末に開かれる。

　競馬場の観覧席はいくつかのランクに分けられている。庶民は草の上で宴会や大道芸を楽しみ、王室と上流階級の人びとは、ドレスコードにのっとって華麗に着飾り、専用席《ロイヤル・エンクロージャー》に陣取った。もはや競馬場という名のガーデンパーティー会場である。そのほかのスポーツイベント、たとえば大学対抗ボートレースや、クリケット試合なども、同様に社交の舞台になった。

　使用人たちも、イベントのさいにはイレギュラーな仕事がふりかかって大忙しになる。アスター家の邸宅クリヴデンはアスコット競馬場へ行くのに便利なところにあり、上流階級の子息が行く寄宿学校（＊パブリック・スクール）のイートン校へも近かった。一九五〇年代の初夏、このクリヴデンに赴任したフットマンのピーター・ホワイトリーは、先輩の下級執事から脅された。

「来週の六月四日には、この家はイートン校の半分に侵略されることになるぞ。それが終わったら、息つく暇もなくアスコット・ウィークだ。いまは存分に休んでおくといい。三週間はトイレに行く暇さえなくなるんだからな」

　やがて彼は、その言葉は真実であったと思い知ることになる。イートン校では、毎年六月四日に、学業やスポーツを発表する催しがある。これは現在でも続いている伝統行事で、息子の雄姿《ゆうし》を観覧するため、家族は万難《ばんなん》を排して国中から集まってくるのだ。イートンは国内トップのエリート校である。その父兄が半分も押し寄せていたということは、いうなれば上流階級の大半がひとつの邸宅に集っていたようなものであ

ダービーの日、馬車の上にブランケットを広げてランチに興じる人びと。着飾ってはいるが貴族ではない。ギュスターヴ・ドレの版画。ブランチャード・ジェロルド著『ロンドン巡礼』（1872年）より。

アスコット競馬場の上流専用席。雑誌『グラフィック』1895年。

7月に開かれ、ロンドン社交期の終わりを告げるグッドウッドの競馬。

舞踏会の様子。週刊新聞『イラストレイテド・ロンドン・ニュース』1873年。

人でごった返す夜会にて。「あちらの不細工な男は――」「私の弟ですが？」「す、す、すみません……」給仕役のフットマンの口元もゆるむ。『パンチ』1882年1月21日。

る。

スポーツのほかに、観劇やコンサート、美術展などの催しも、やはり社交の場として機能した。毎年五月一日から始まる王立芸術院《ロイヤル・アカデミー》の展覧会には、多くの貴族や有名人、文化人たちが集い、これもまたシーズン最盛期の幕開けを告げるイベントのひとつであった。

プライベートな舞踏会や晩餐会、夜会は、ロンドン中のタウンハウスで連日連夜ひらかれていた。ちょうど二〇世紀に入った頃、ハワード卿夫人付きフットマンとして働いていたフレデリック・ゴースト*は、盛大な舞踏会を開くための準備には数週間かかったと述べている。三〇人もの臨時フットマンがその日のために雇われ、ハワード家のお仕着せを身につけて配置についた。ウィーンから弦楽団が招かれ、当世流行のシュトラウスのワルツを奏でた。ハワード邸の庭は、やはり当時お洒落とされていた日本

＊ フレデリック・ゴースト
1881年、リヴァプール生まれ。パン屋の息子に生まれ、12歳のときに神学校のページボーイになる。地主や大貴族の邸宅でフットマンとして働いたのち、後年はアメリカに渡った。回想録『馬車と王侯貴族の日々（of Carriages and Kings）』（1956）を出版した。

の提灯《ちょうちん》や、白いツバキで上品に飾られたという。

令嬢たちの戦い、王宮での拝謁

「王宮に赴く真の目的はなんだろう？　王室への敬意を表明するため、それはいったい真実なのか？　ナンセンスだ。一〇人中九人までの女性は、見るため、そして見られるために行くのだ。『タイムズ』紙や『モーニング・ポスト』紙に自分の名前を書いてもらうため。ほかの誰よりも盛大に着飾って、そのドレスについて、委細もらさず女性雑誌にレポートしてもらうため。深夜にはそのドレス姿でボンド・ストリートの写真館に行って、撮影してもらうため。それもみな、自分が王宮に行ったという事実を社交界に知らしめるためなのだ」

（チャールズ・エア・パスコー『今日のロンドン』一九〇三年）

ヴィクトリア女王にお目見え。『グラフィック』1893年。

王宮に赴く。または、女王の応接間《ドローイングルーム》に行く。――それは、社交界《デビュタント》に出ていく娘にとって、特別な意味を持つ言葉であった。貴族の令嬢が一七か一八歳になって、生まれて初めてロンドン社交期に参加するとき、手始めに女王や王、皇太子夫妻から拝謁《はいえつ》を賜《たまわ》ることができれば、まず上々の滑り出しといえたのである。

かつては限られたエリートにしか許されなかった拝謁の栄誉は、時が移るにつれしだいに許容範囲が広がっていった。たとえば一八九〇年代に発売されたエチケットの本をいくつか照らし合わせると、貴族と地主のほかに、聖職者、陸軍と海軍の将校、内科医、法廷弁護士などの伝統的な専門職と、高名な芸術家、加えて金融業や製造業など、ビジネスに携わる家の妻や娘にも門戸が開かれていたことがわかる。ただし、小売業の家は除外された。「悪い評判」が

バッキンガム宮殿の「女王の応接間」へと向かう馬車の行列。見物客が取り囲む。御者、フットマンも最礼装で、胸に花を飾っている。『イラストレイテド・ロンドン・ニュース』1870年。

ランズダウン侯爵家の儀式用馬車と御者、フットマンのお仕着せ。博物館に収められたもの。

晴れ姿を写真館で撮ってもらう。『グラフィック』1895年。

ある、つまりはおそらく不倫が取りざたされる女性もヴィクトリア女王のお気に召さないとされていた。

女王陛下・国王陛下の前での礼儀作法は独特なものがある。君主の前に進み出たら、深く膝を曲げて腰を落とす正式なお辞儀《カーツィー》をする。貴族の夫人や令嬢は陛下から額や頬にキスを賜り、そうでなければ陛下の手の甲にキスをする。王や女王に背中を向けてはならず、あとずさりで退室する。数メートルもある裾《トレーン》をさばきながらこれらをやりきるのは至難《しなん》の業《わざ》だった。晴れの日に失敗のないよう、時にはダンス教師が呼ばれて、少女たちに所作のけいこをつけた。評判のよい教師は「応接間」の日が近づくと予約でいっぱいになったという。

バッキンガム宮殿まで彼女たちを送るために、派手な色の儀式用馬車が登場した。お仕着せを身につけた御者が葦毛《あしげ》の馬を操り、後ろのステップには、正装のお仕着せを身につけた背の高い二名のフットマンが立つ。この様子をひと目見ようと、路上には人だかりができた。

馬。飾り立てられた馬車。ドレス。そして御者とフットマン。これらは、馬車の中のレディたちの身分を周囲に誇示する「道

新人パーラーメイド「奥様はお留守ですって言いなさいって奥様が」訪問者「あー、そう——ほんとに？　それじゃ、私も来なかったって言っておいてくれ！」『パンチ』1894年4月21日。

早朝のハイドパーク、「レディーズ・マイル」と呼ばれる乗馬専用コースを走る女性たち。ギュスターヴ・ドレの版画。『ロンドン巡礼』1872年より。

具立て」であった。ここまで心血《しんけつ》注いでお膳立てをした理由は、「社交界にデビューする」ことが、すなわち「上流階級の結婚市場に身を投じる」ことを意味したからである。誰よりもよき花嫁候補であることを全方位にアピールしなければならない。男性使用人は彼女たちにとって、生きた装飾品（オーナメント）だったのである。

拝謁がすんだら、母は娘をともなって、ありとあらゆる社交の催しに繰り出していく。ロンドン社交期が存在する理由のひとつは、適齢期の男女にふさわしい縁組を成立させることにあった。

ロンドン社交期における
レディの行動

朝、レディたちは乗馬服に着替え、ハイドパークで馬を走らせる。戻って朝食をとったあと、使用人とその日のメニューを打ち合わせる。

昼は親しい友人を訪ねてランチョンをともにしたり、屋根なし馬車にパラソルをさして周囲に姿を見せつけつつ、公園をドライブする。

午後には知人たちの家を「訪問《コール》」する。

午後の活動を終えて家に戻るレディたち。『ロンドン暮らし』（1902年）より。

若い令嬢には、母親か、そうでなければ親戚の年配女性などがお目付け役（シャペロン）として張り付いている。舞踏会で良き相手を見つけ出すのだ。ジョージ・R・シムズ編『ロンドン暮らし』（1902年）より。

小さな「ページボーイ」がレディたちの訪問を受け付ける。『パンチ』1872年4月20日。

手引書によれば三時から六時頃、午後の時間帯であるにもかかわらず、それは慣習として「モーニング・コール」と呼ばれていた。

レディたちにとって、「貴婦人《レディーズ》付きフットマン」をともない、お仕着せの御者が操る自家用馬車に乗って出かけるのが理想の形であった。相手の家についたら、自分は馬車に乗ったままフットマンを派遣する。ノックやドアベルで相手の使用人を呼び出し、奥様はご在宅かと尋ねさせるのだ。

しかし、予算とスタッフ編成が許さなければ、当然のごとく手順は変わる。フットマンがいないなら御者にその役をやらせるし、貸し馬車のためそれも頼めなければ、通りを行く少年に言いつけて呼び鈴を鳴らしてもらったりもする。馬車もなく徒歩なら、レディ自身が行くしかないのである。

訪問を受ける側にもスタッフ編成の都合はあった。やはり理想は、フットマンがドアを開け、執事が奥へ案内するというものであったが、男性使用人を雇えない規模の家では、代わりに接客・給仕担当のパーラーメイドを置いた。小さな中流の家ではそれすらも不在で、掃除担当のハウスメイドやコックにまでお鉢がまわってくることも

ジェームズ・ティソ「温室（ライヴァルたち）」1875～78年頃。「午後のお茶」は女性たちの時間。訪問してきた男性の気をひきたい双子の娘。

儀式ばった晩餐会。長いテーブルに男女が交互に座っている。会話を邪魔しないよう、執事やフットマンが、背後からそっと給仕する。『イラストレイテド・ロンドン・ニュース』1870年頃。

あった。

接客当番の使用人は、事前にその日の受け答えの指示を受けていた。奥様が「今日はわたくしは不在です」といったなら、彼女がほんとうに出かけていようと、実は奥でのんびりしていようと、訪れた客に「不在《ノット》でございます《アット・ホーム》」ときっぱり宣言して追い返すのだ。すると訪問側のレディは、名刺を置いて次へ向かった。

夕方四、五時頃にはガーデンパーティーやアフタヌーン・ティー。夜は観劇、晩餐会、舞踏会。とりわけ公式に身体のふれあいが許される舞踏会は、若い男女の出会いを仕掛ける場として最適だった。

紳士たちの動向は?

母親たちがこのように社交を繰り広げているあいだ、父親たちはどうしていたのだろう。貴族であれば、議会で演説していたかもしれない。妻と娘に付き添って、挨拶回りや演奏会、展覧会にでかける日もあったかもしれない。女性たちが牛耳る社交的活動全般から距離を置きたい気持ちになったなら、男性たちは女人禁制の「クラブ」に出かけていった。政治的に保守派の紳士

「オックスフォード・アンド・ケンブリッジ・クラブ」に入ったところ。お仕着せ姿のクラブ付き使用人が働いている。『ロンドン暮らし』（1902年）より。

ペルメル街にあるアシーニアム・クラブ。文学趣味の紳士が加入した。『イラストレイテド・ロンドンニュース』1893年。

クラブのウェイター。個人宅のフットマンとほぼ同じ服装。

モールバラ・クラブの喫煙室。

は「カールトン・クラブ」。リベラル派であれば「リフォーム・クラブ」。五〇〇マイル以上の旅の経験がある人は「トラベラーズ・クラブ」に入会を許された。ほかにも軍人のクラブ、法律家や舞台人や文学者のクラブなど、さまざまな種類があった。よく訓練された「クラブ付きのスチュワード」やウェイターたちに給仕されて、ひとときをすごし、同格の紳士たちと語らった。

　では令息は？　姉妹がバッキンガム宮殿の「応接間」に行ったように、セント・ジェイムズ宮殿の「接見会《レヴィ》」に参加した可能性がある。男性が君主に拝謁を賜る儀式のことで、ヴィクトリア女王時代の後半には、皇太子が代理で主催していた。陸軍・海軍の将校は昇進したときや戦地から戻ったとき、法曹界や政界、聖職などに地位を得たとき、貴族なら爵位を継承、ないしは授与されたときに挨拶に参上した。女性たちとは異なり、紹介者には、職場の部署長や隊長などにあたる人間を立てた。

　一〇〇年ほど昔の英国において、男女の役割分担は非常に明確だった。王宮に赴くというひとつの行動でも、意味あいはそれぞれ異なり、ふだんの日の行動パターンも違っていた。夏の訪れを聞けば、その違い

国王エドワード七世に「接見会」で挨拶する。軍服姿でお目見えするのだ。『ロンドン暮らし』(1902年)より。

ヴィクトリア女王が夏の別荘としてワイト島に建てた「オズボーン・ハウス」。家族の隠れ家として多くの時間をここですごした。

滞在客の到着を、使用人たちが並んで出迎える。『グラフィック』1888年。

＊ チャールズ・クーパー
1877年生まれ。数々の上流家庭でフットマンや従者を務めた父親と、第一キッチンメイドの母親が、テック公爵夫人メアリーの邸宅で出会って誕生したという、筋金入りの執事。12歳頃から使用人として働き始め、富豪の家で執事として長年働く。実名をちりばめた回想録『街と地方(Town and County)』(1937)を発表している。

chapter 2

はさらに際立ってゆくことになる。

夏から秋——鳥撃ちの季節

七月が終わる頃、上流階級の人びとはロンドンを離れる。必ずしも本拠地へ戻るとは限らない。八月の冒頭には、英国の南、ワイト島のカウズという町で、盛大なヨットレースが開かれる「カウズ・ウィーク」がある。ヴィクトリア女王の皇太子、のちのエドワード七世はヨット遊びを好み、彼を中心とする社交界の最先端グループはワイト島に滞在した。

八月一二日は、「栄光の一二日《グロリアス・トゥエルフス》」という詩的な異名を持っている。この日、ライチョウ狩りが解禁されて、ロンドン社交期は完全に終わりを告げるのだ。人々は狩りの獲物を求めて、スコットランドなどの北方に旅立ってゆく。ライチョウ狩りに都合の良い地域に、自前の別宅を持ったり、知人や親戚の狩猟用別荘《ハンティング・ロッジ》を借りる人もいた。夏から初秋のこの狩りの季節は、スコティッシュ・シーズンとも呼ばれていた。

スコットランドはロンドンから遠い。たとえばフォート・ウィリアムという町まで移動するとしたら、実に八〇〇キロメート

ウォリック伯爵夫妻の邸宅「イーストン・ロッジ」で開かれた銃猟パーティー、1895年。中央に立つ皇太子とウォリック伯爵夫人は親密な仲だった。

ルもの長旅になる。大移動には使用人たちの苦労がともなった。

一八九五年、八月の初めにある富豪の第二フットマンとして雇われたチャールズ・クーパー*は、落ち着くまもなくふたたび荷造りし、スコットランドのインヴァネス近くにある別荘へと出発することになった。彼は御者と一緒に、現地で使う馬を四頭、はるばる運搬する役をおおせつかった。まず領地からロンドンまで鉄道で輸送し、そこから蒸気船に乗り換えて現地へ向かう。鉄道駅から港までや、港から館までの道は、馬に乗って路上を歩かせて移動した。さんざん揺すぶられた彼は、乗馬から解放されたあとも、数日間は、お尻の下にずっと馬の背中があるような感覚が続いたという。

しかし、この新人フットマンの苦労は、ひょっとすると古風な例だったのかもしれない。一九世紀の前半に登場した鉄道によって、ものや人の移動は格段に楽になった。宿泊型のパーティー《カントリー・ハウス・パーティー》といえば、かつてはわざわざ遠くに出かけたら、数週間は逗留《とうりゅう》するのが一般的だったが、鉄道のおかげで、短く終わるハウスパーティーが頻繁に開かれるようになってゆく。「ウィークエンド」と呼ぶ滞在は、週末とはいいながら、ビジネスに無縁の上流階級なればこそ、土曜日または金曜日に到着して月曜日に出発するというゆったりした日程であった。

前述の八月一二日からは赤ライチョウの季節が始まるが、黒ライチョウは同月二〇日が解禁日で、いずれも一二月一〇日まで撃つことが許された。ヤマウズラは九月一日、キジは一〇月一日に解禁され、どちらも二月一日まで撃ってよかった。野ウサギを撃ってはいけない時期の決まりはとくにない。しかし、一八九二年にできた法律は、三月から七月のあいだ、野ウサギを売ることを禁じている。暗黙の了解で、野ウサギ狩りの季節は二月いっぱいまでと考えられていた。

銃猟パーティーの紳士たち

年を追うごとに人気が高まっていった銃猟は、やがて、大変な数のキジやウズラを殺戮《さつりく》するまでに加熱していった。エドワード七世その人が鳥撃ち好きの代表である。一九〇五年の一一月七日から一〇日にかけて開かれた銃猟パーティーでは、三日間にそれぞれ九人から一〇人の撃ち手が参加した。結果、四一三五羽のキジ、二〇〇九羽

ヘンリー＝オン＝テムズの邸宅「ストーナー・パーク」の銃猟。
大量に撃ち落とした獲物を数える。1911年。

銃猟の風景。外国人の伯爵「もしあの鳥たちが後ろに飛べさえすればなあ！」『パンチ』1912年1月10日。

のヤマウズラ、二三二羽の野ウサギ、五七六羽のアナウサギ、一四羽のヤマシギ、二七五羽のマガモ、一二羽のハト、その他三羽、合計七二五六羽の獲物が仕留められたという。現代の感覚では常軌を逸しているとしか思えない数である。

　ここまでの戦果を得るためには、猟場番人《ゲームキーパー》とその部下たちの活動が必須であった。彼らはふだんはキジやヤマウズラを飼育し、猟場を見回って密猟者を追い払っていた。地域の子どもたちも、森の中を探しまわって見つけたキジの巣を猟場番人に報告し、小銭をかせいでいたという。

　銃猟は原則として男性の娯楽である。なかには散弾銃を手に参加するレディもいないではなかったが、享楽的《きょうらくてき》な空気が流れていたエドワード七世時代にさえ、それは変わり者の女とみなされる行為であった。紳士たちは朝食のあと、こぞって狩り場にでかけていく。従者はこのとき主人について行き、荷物や衣服の世話をしたり、銃弾の装填《そうてん》係を兼ねた。

　妻や娘たちは家に残って、手紙を書いたり読んだり、おしゃべりをして時間をすごす。昼になれば、彼女たちは外に出ていって男性と合流し、豪華なピクニック・ランチョンをとった。給仕をするのはフットマンや執事の役目である。

　午後にも紳士たちは、晩餐の時間までひたすら野鳥やウサギを撃ちつづけた。そのあいだレディたちは何をしていたのか？　シンシア・アスキスは、エドワード七世時代に社交界デビューをし、初めての銃猟パーティーを経験した。

「カースル・ハワード」の猟場番人頭と新人。卵をかかえた雌のキジを育てているところ。

北ウェールズの地主の邸宅「アーシィグ」の猟場番人と、主家の息子。坊ちゃんも一緒に出かけて、猟の知識を学んだ。

クーム・アビーのキジ撃ち、1890年代。爆音を我慢しながら、「興味のあるフリ」をしなければならないレディたち。

五代レスター伯爵（手前）がもてなす銃猟パーティーの屋外ランチョン。1930年代。

「〈良い娘〉と思われるようなタイプの女の子なら、自分が一歩下がって寄り添っている〈撃ち手《ガン》〉がしとめた獲物の数を、まるで自分の手柄のように誇らしく思うものです。でも私は、行くたびにジレンマに陥っていました――鳥が大量殺戮されるのも嫌ですが、かといって戦果が少なくて撃ち手に不機嫌になられるのも困ります」

撃ちそこなった彼に話しかけていいものか、何と声をかけたらいいのか。「自分はいったい何を期待されているのか」がわからなくて、若い彼女は困惑したという。シンシアの回想には、社交界に出たばかりの経験不足な女の子が、さまざまなしきたりに戸惑うさまが綴られている。

淑女たちの仕事は着替えること

週末の銃猟パーティーで鳥を撃つのは男性の娯楽。それなら待たされる側の女性たちはよほどヒマを持て余していたのかと思われるが、シンシア・アスキスに言わせればそうでもなかったようだ。「とりわけ冬の旅行には、かなりの時間を

華やかなイヴニングドレス（左）と、歩きやすい？　短めのドレス（右）。フランスのファッション誌『ラ・モード・イリュストレ』1886年1月24日。

シンシア・アスキス（1887〜1960年）。社交界デビュー時の姿。怪奇小説家にして、優れたアンソロジーの編み手。夫は首相ハーバート・ヘンリー・アスキスの次男、父親はウィームズ伯爵。

chapter 2

着替えに費やしました。朝食には、教会に行くための〈晴れ着《ベスト・ドレス》〉で降りていきます。これはたぶん、お金がある人ならビロードでできていて、そうでもなければ綿ビロードでした。教会から戻るとツイードに着替えます。お茶の時間の前には必ずまた着替えます。持っていれば〈茶会服《ティー・ガウン》〉という特別な衣装に身を包みます。もう少し裕福でない人は、夏用の昼間の服を着ます。どんなにドレス用の小遣いが乏しい女性でも、晩餐には毎回違うドレスを用意するのが必須と考えられていました。

かくして、金曜日から月曜日までのパーティーに行くのに必要な衣装は、まず〈日曜の晴れ着《サンデー・ベスト》〉が一着。ツイードの上着とスカートと、それに合うシャツをそれぞれ二着ずつ。イヴニングドレスとお茶の時間の衣装が三着ずつ。〈晴れ着用の帽子《ベスト・ハット》〉がひとつ——これには、羽根やお花やフルーツか小麦などが山盛りに飾られています——それから、田舎にふさわしい帽子をいくつか。おそらくは、〈乗馬用ドレス《ライディング・ハビット》〉と〈山高帽《ビリーコック》〉も一そろい。室内用と屋外用の靴、ブーツ、ゲートルを何足も。その他の小物も大量に、つまりペチコート、ストール、マフラー、晩餐用の髪飾りやその他もろもろ。それから刺繍道具一式を入れて家の中を持ち歩く大きなバッグも入用です」

イヴニングドレスはとても手が込んでいて、身支度には時間がかかった。晩餐の三〇分前には、正装をうながすゴングの音が家中に響く。シンシアは初めの頃、ひょっとして食事の時間に遅れてしまうのではないかという恐れに、絶えず悩まされていたという。

荷造りは芸術

レディのドレスの世話はレディーズメイドが行ったが、紳士の衣服は従者の担当だ。重い箱はフットマンが運んだかもしれない。

茶会服（左）。ウエストを締めずゆったりとした、屋内午後用のドレス。家庭雑誌『カッセル・ファミリー・マガジン』1891年。

世帯ぐるみの移動にともなう荷物の輸送は、執事の管理下ですすめられた。

一九二五年、チャールズ・ディーンは、アリス・アスターと、その夫であるロシア貴族のプリンス・オボレンスキーのもとで執事兼従者になった。アリスはアメリカの大富豪の娘で、夫妻は一年のあいだに世界各地に居を移しながら生活を送っていた。執事兼従者のディーンも彼女たちについて「二八回も大西洋をわたった」という。

「私の荷造りのテクニックは、もはや芸術の域に達していました。一年の四季すべての平服とスポーツ用の衣服が必要になるということは、つまり恐ろしい量の荷物を運ぶことになるのです。その数は九九個にもなり、ほとんどは大型のトランクでした。ただ、すべての荷物に通し番号をつけ、内容物をカタログ化した長大なリストを携えて旅したので、何でも、ほんの少しの時間で取り出すことができました。そして私は、いくつかに分けた鍵束を持ち歩いていました。じゃらじゃらと鳴ってまるで監獄の看守です。あるとき目的地に着いて、プリンスが少し手助けしたいという気持ちになったらしく、『荷物を運んであげよう。税関

「荷物を運ぶのはポーターの仕事だから」と知らんぷりの高慢なフットマン。紛失もしようというもの。『パンチ』1875年3月27日。

で落ち合おうじゃないか。ところでいくつあるのかね』と言ってきました。私は『九九個です、旦那様』と答えました」

プリンスは「今のは忘れてくれ」とあっさり引き下がり、結局はホテルで落ち合うことになった。二八回の大西洋横断や九九個の荷物など、具体的な数字がすらすら出てくるあたり、おしゃべり好きの元執事が、少し事実を「盛っている」のでは、という疑惑がわいてこないでもない。けれど、もっとたくさんの数字をあげている人もいる

メイド「せっかく編んで結った奥様の髪の毛を、化粧テーブルに忘れてきちゃった」フットマン「着いたら現地のレディから借りればいいよ」この頃、付け毛が流行っていた。奥様の荷物の移動は大変。『パンチ』1870年10月15日。

＊アーネスト・キング
デヴォンのバーンスタプルにて、1888年または1890年に生まれる。ウィンザー公（エドワード八世）や富豪の企業家、ギリシャ王室、そしてエリザベス二世の王女時代の新婚家庭で家令も務めた。回想録『緑のベーズのドア（The Green Baize Door）』（1963）を出版。

のだ。

一九世紀末に生まれて執事のキャリアを登りつめ、王女時代のエリザベス二世の家令も経験したアーネスト・キング＊である。彼は、従者として仕えていた金満家ド・ウィッチフェルド夫人の荷物について「ヴィトンのトランクが一七〇個ほどもあり、その大半は大人の男がすっぽり入れそうなサイズ」だったと述べている。一〇〇年前の上流階級の旅行は、現代の感覚では計り知れない規模だったようだ。

秋から冬――伝統の「ハンティング」

英国では「ハンティング」と「シューティング」は別の行為をさす言葉だ。野鳥やウサギを撃つのがシューティング。そして、ハントの獲物は狐や鹿、大型の獣である。とくに、ただ「ハント」「ハンティング」というと、猟犬を使って乗馬で追いかける「狐狩り」をさすことが多い。野原だけでなく牧場、畑、農家の庭先などもおかまいなしに踏み荒らす、とても荒々しいスポーツである。なお、一匹の狐を大勢で追い回し、最後には犬に殺させるという行為が残虐だとして、狐狩りは古くから議論の的になってきたが、英国では二〇〇五年より正式に禁止されている。

ヴィクトリア時代やエドワード七世の時代には、狐狩りを規制する法律はとくになかった。ただし前述の野ウサギと同じく、紳士たちの守る不文律は存在し、ハンティングの季節は一一月一日から翌年四月までと考えられていた。

地面に立って銃を撃つ銃猟と違い、ハン

ヘイウッド・ハーディ「狐狩りの会（ザ・ミート）」。独特の赤い服で馬に乗り、猟犬を駆って狐を追いかける。

屋外で、主人にワインを注ぐフットマンたち。とある狐狩りの会にて、1923年。

エプロン姿で働く従者（右）。清掃から狩猟着まで、主人の上等な衣服を手入れする。1907年のファッションイラストレーション。

狐狩りの朝。狩りに出る人は乗馬着や狩猟着に着替えて、ビュッフェ形式の朝食をとっている。

トの参加者には馬を自在に操る技術と体力が必要である。乗馬好きのレディたちも、婦人用の片鞍に乗り、さっそうと狐を追った。ただし、女性らしさを減じるとして反対する意見もやはりあり、とりわけ最後に、獲物の狐が犬たちに殺される場面を見ることは不適切とされた。やはり狩猟は男の世界だったのである。

地域の「猟犬管理者《マスター・オブ・ハウンズ》」になることは、紳士にとって名誉であった。格式の高い盛大なハントを主催し、紳士淑女の参加者はもちろん、手伝いに呼ばれた下々の人員にまで気前よく酒食をふるまう。莫大な経費はかかるものの、「ご領主さま」の威光を周囲に見せ付けるひとつの機会であった。

「ピンク」の手入れ

男性は、格式の高いハントであれば、赤いコートに白いズボン、ロングブーツという独特の衣装を身に着けた。このハント用のいでたちは、真っ赤な上着なのになぜか「ピンク」と通称される。大切な衣装ではあるものの、ほどよく使い込まれた様子をしているほうが好まれた。一八九〇年の『上流社会のマナーとルール』には、新参者が真新しい「ピンク」で現れるくらいなら、黒を着ていくほうがよほどよい、と書かれている。

大切な「ピンク」の手入れを任されることは、フットマンや従者にとって、ステップアップの証《あかし》だった。一九一五年生まれのジョージ・ワシントンは、赤いハント用コートが紳士の服のなかではもっとも高価だったため、手入れには非常に神経をつかったと回想している。軟水《なんすい》でこすり洗いして泥のしみを残さず落とし、専用の薬剤で染め直す。翌朝に無事「ピンク」に戻るかどうか、まだらになってしまわないかどうかが心配で眠れない夜をすごし、「ときには寝床を起き出して様子を見に行った」という。

アーネスト・キングには、泥だらけの「ピンク」をよみがえらせる秘密のレシピがあった。それは、ハウスメイドに頼んで、室内便器《チェンバーポット》の中身を分けてもらって使うというものだった。そうすれば「奇跡のように」汚れが落ちる。アンモニアには漂白効果があり、たしかに伝統的に用いられてきた方法ではある。しかしもちろん主人たちは、この秘密を知るよしもなかった。

クリスマスは本宅で

世界中をとびまわる大富豪や、友人や愛人のカントリーハウスを泊まり歩く放蕩《ほうとう》の貴族でも、クリスマスは本拠地にもどって家族とすごすのが一般的だった。エドワード七世は、ノーフォークの「サンドリンガム・ハウス」でクリスマスをすごしていた。ここは「英国王室のプライベート・ホーム」とも呼ばれ、現代のエリザベス二世も、国民に向けたクリスマスのスピーチをこの家から放送している。

ポートランド公爵の本拠地である大邸宅の「ウェルベック・アビー」では、クリスマスの祝い方も非常に豪勢で手が込んでいた。フットマンのフレデリック・ゴーストは、エドワード七世時代に勤めたウェルベックの暮らしを回想している。彼はこのとき、付き合っていたメイドに浮気され、苦い失恋をしたばかりだった。しかし、クリスマスの準備に忙殺されて、感傷的な気分などあっというまに吹き飛んでしまう。

「クリスマスから新年までの時期に二、三〇人の来客がある。長く続くハウスパーティーでは使用人の仕事がとても増えるのだ。邸宅はヒイラギの葉や松の枝のモールで盛大に飾られ、大ホールには温室からクリスマスにふさわしい花々が運び込まれ、咲き乱れていた。クリスマスイブは家族とごく親しい友人たちが集まる祭典で、彼らは贈り物を交換し合う。公爵夫妻は私たち王室《ロイヤル》フットマン（＊公爵家で採用されるが、給料は王室から支払われ、必要に応じて王宮での勤務にもつく使用人）たちにも、それぞれに封筒を下さった。封蠟《ふうろう》には、ポートランド公爵の紋章が刻印されている。開けた瞬間、自分はなんてお金持ちになったのだろうと思った。

トマス・ブリンクス「美しき手綱さばき」。女性が片側に両脚を出して座るための片鞍（サイドサドル）に乗っている。『カッセル・ファミリー・マガジン』1896～97年。

英王室の「サンドリンガム・ハウス」。住人が滞在していない時期は、内部まで一般公開されている。

五ポンド札がはいっていたのだ」

仕事をはじめたばかりの新人使用人には「年に」五ポンドくらいしかもらえない者もまれではなかったことを思えば、大変な金額だ。しかし、公爵家が同格の友人たちにふるまうプレゼントは、さらに豪華なものだった。

ジョージ・スリングスビー*は、フレデリック・ゴーストとほぼ同時代に、同じウェルベック・アビーの第三フットマンとして勤めていた。彼によれば、クリスマス・シーズンのハイライトは大晦日《おおみそか》に開かれる晩餐会であったという。

「一〇〇人ほどのゲストが参加する晩餐会は、おおかたの想像をはるかに超えるものだった。湯水のようにシャンパンが注がれる。クライマックスは、公爵夫人が贈る新年のサプライズ・プレゼントだ。大きな箱が登場し、そこにはおそらく史上最高額のクリスマス・クラッカーがはいっている。クラッカーを引っ張って開けると、ゲストたちは驚いて息を呑んだ。中から高価な装飾品がこぼれ出るのだ。何ともきれいな小さな金の懐中時計。ガーネットの指輪。金のブローチや真珠はレディたちのために。ダイヤモンドのタイピンや、金の葉巻カッターは紳士用。公爵夫妻は、客たちが出てきたプレゼントを並べて、互いに交換し合い、すべての行き先が決まるまでの様子を、楽しそうに見つめていた。ひとつひとつの贈り物はすべて、公爵夫人がみずから選んだものだった」

邸宅「ウェルベック・アビー」。人間嫌いだったという五代ポートランド公爵が長大な地下室を作らせたことで知られる。ここでジョージ・スリングスビーやフレデリック・ゴーストがフットマンとして働いたのは六代公爵（1857～1943年）の時代。

クリスマス・ツリーを飾る習慣が英国に根付いたのは19世紀のこと。ヴィクトリア女王の夫君アルバート殿下が、故国ドイツの習慣を1840年に持ち込んだという。『カッセル・ファミリー・マガジン』1885年。

＊ ジョージ・スリングスビー
1889年、ノッティンガム生まれ。地主の執事や公爵家のフットマンを経験したのち、カナダ人富豪の従者になり、ルシタニア号沈没事件に遭遇（139頁参照）。波乱に満ちた半生を、長女のニナ・スリングスビー・スミスがまとめた伝記『ジョージ、ある紳士お側付き紳士の回想（George, Memoirs of a Gentleman' s Gentleman）』(1984)および『ジョージの若き日々（George: the Early Days）』(1990)がある。

晩餐に引き続き、ウェルベック・アビー名物の盛大な仮装舞踏会が開かれる。ここで第三フットマンのジョージは大胆不敵な行動に出ることになるのだが、その顛末《てんまつ》は第8章にゆずろう。

「ご領主夫妻」の義務

こうして一年を通してみると、貴族の暮らしは遊んでばかりであったように感じられるかもしれない。ある意味でそれは正しい。彼らが過去から守ってきた伝統的な生活は、あくせく働いて金銭を得る行為からはほど遠い。実態はどうであれ、ほど遠くあるべき、と考えられていたのだ。領主たちは、広大な領地を、農地や牧草地として、あるいは都市部であれば商用地や宅地として貸しつけることで、莫大な不労所得を得て暮らしていた。

得た収入を、ただ自分の楽しみのために食いつぶした放蕩貴族も数多くいた。しかし、貴族や地主の規範として、私的な快楽ばかりが推奨されたわけでもない。「ご領主夫妻」は、自分の利益ではなく公のためになる、高貴な仕事になら、大手をふって熱中することができたからである。

男性の当主であれば、冒頭にのべた国会議員のほか、地元の州長官や治安判事など、さまざまな名誉ある責務を兼任した。借地人《テナント》に貸しているコテージは、老朽化したら順次、改修した。レディたちは、病院や私設の救貧院《きゅうひんいん》などを後援し、儀式のように慰問を行った。そして、趣向をこらしたパーティーを開き、チャリティへの寄付を募った。

たとえば、コーンウォールに建つ「ランハイドロック」邸では、地主のロバーツ家は、近隣の孤児院や、ロンドンの救貧院から、積極的にスタッフを採用していた。リネン類の洗濯は「堕《お》ちた女性たち」、つま

エドワード時代のロンドンのクリスマス風景。贈り物を大量に買い込み、フットマンに持たせて家路につくレディと子どもたち。『ロンドン暮らし』（1902年）より。

地元の貧しい老女を慰問に訪れる慈善家のレディ。「宅の息子が奨学金をとりましたの」「わかりますとも、うちのブタが品評会で賞をとったときのあたしとおんなじ気持ちでしょ?」『パンチ』1904年。

地域住民のための小さな家の図面をエージェントと相談する「慈善家のレディ」。しかし、目に入る近所には建てさせたくないとヘソを曲げる。『パンチ』1908年5月6日。

り娼婦を更正させるための慈善団体に送っていた。そして家事道具の一部は、刑務所の受刑囚が作ったものを利用していたという。

クーパー侯爵夫人も、地元の少女たちのための家事学校を設立し、使用人になったとき役に立つ技術を学ばせていた。また、この侯爵家は地元の消防隊にも出資していた。いずれの団体も、会計業務は家令のジョン・ジェイムズ*が担当していたという。奥様たちの華やかな慈善活動の陰で、地味な実作業を使用人たちが担う、というのはよくある図式だった。

現代社会においては、社会保険や公共事業は国が先導して実施するものだが、過去においては、ごく少数の土地持ちのエリート個人の役割だった。時代が移り、彼らの求心力が失われていくにつれて、主人と使用人の関係も変わっていくことになる。

本章の初めに述べたように、主人の収入、家の規模や立地、生活スタイルの好みによって、使用人の日常は大きく左右された。そんな主人の快適な暮らしのすべてを裏から支えていたのは使用人である。雇う側と雇われる側は、互いに影響しあい、ひとつの小さな宇宙を作っているといえた。次章では、雇われる側の執事たちに焦点を戻し、使用人としての人生に第一歩を踏み出すところから、その道のりを見ていこう。

＊ジョン・ジェイムズ
1872年、ウェールズのペンブロークシャーに生まれる。農場や庭師見習いを経て1895年頃から侯爵や伯爵の邸宅で室内使用人として雇われるようになり、ヴィクトリア女王の娘ルイーズ王女の家令になる。第一次世界大戦による中断をはさみながら、ケンジントン宮殿に28年間勤務した。回想録に『ある家令の回想(The Memoirs of a House Steward)』(1949)がある。

モールバラ公爵の「ブレナム・パレス」で結成された私設の消防団。メンバーは使用人と兼任で、特別任務の手当てが支給された。最新式の高価な消防車も購入された。

column

英国貴族の称号と呼びかけ方

ナイト叙任の儀式。国王が剣でひざまずいた対象者の肩に触れる。この式ののち、ランクによってはサーと呼ばれることになる。『ロンドン暮らし』（1902年）より。

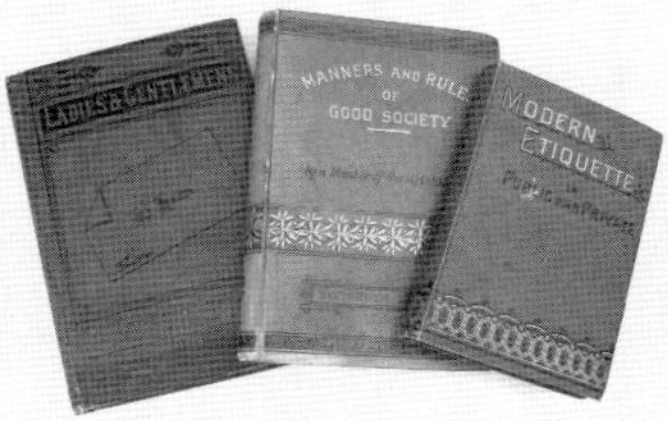

19世紀に発行されたエチケットブックの数々。「女王陛下に謁見するとき」「招待状の書き方」「訪問のルール」などが載っている。

王族から貴族の子女まで

貴族の称号は公爵・侯爵・伯爵・子爵・男爵の五つ。それに準ずる身分には准男爵とナイト、さらにその上には王族がいる。こうした高貴な人びとへの一九世紀末における呼びかけ方を左の表にまとめてみた。

これは一八九〇年に発売されたエチケット・ブック『上流社会のマナーとルール』をもとに再構成したものである。「ある貴族社会の一員」によって書かれたというふれこみで、この時点で実に一六刷も版を重ねている。新米の奥様や使用人たちは、貴族の香りを売りにするこのような「アンチョコ」をめくり、複雑怪奇な敬称のシステムを頭に叩き込んだことだろう。なお、現在のエチケットとは取り扱いが違う部分もあるので注意されたい。

複雑怪奇な敬称

自分の属する階級によって、相手への呼びかけ方は変わる。同じ上流社会のメンバーなら、女王陛下を「奥様《マーム》」と呼べるし、公爵夫人を「ダッチェス」と呼んでもよい。使用人であれば、「ユア・マジェスティ」「ユア・グレース」「マイ・ロード」などとうやうやしく言わねばならない。間違えたら大変だ。

公爵、侯爵、伯爵は、たいてい複数の爵位を同時に持っている。そして、爵位の名前は地名などに由来し、家族の姓とは別のものであることが多い。

ここで仮に「ロンドン公爵のフィリップ・スミス」という人がいて、もうひとつ「ニューヨーク侯爵」の位も持っているとする。フィリップの妻は「エリザベス」。子どもたちは「チャールズ」「アン」「アンドリュー」「エドワード」。長男のチャールズには妻がいる。なお、ここでつけた仮称に他意はない。

長男は、父親の持つ複数の称号のうち二番目のものを「名目的爵位《カーテシー・タイトル》」として用いることができる。つまり爵位継承予定の長男チャールズは、当主のフィリップが亡くなって公爵位を引き継ぐまで、ニューヨーク侯爵という地位にしたがって扱われ、「ロード・ニューヨーク（ニューヨーク卿）」と呼ばれ続ける。妻はレディ・ニューヨーク（ニューヨーク卿夫人）である。

次男以下は、氏名に「ロード」をつけて呼ばれる。アンドリューとエドワードは「ロード・アンドリュー・スミス（アンドリュー・スミス卿）」「ロード・エドワード・スミス」となる。

次男アンドリューと三男エドワードが妻を迎えたとすると、彼女は自分の名前ではなく、夫の名に敬称をつけて呼ばれる。「レディ・アンドリュー・スミス」である。

貴族の呼びかけ方一覧

	上流階級同士の場合	下の階級から呼ぶ場合
女王	マーム	ユア・マジェスティ
王子	サー	ユア・ロイヤル・ハイネス
王女、王子の妃	マーム	ユア・ロイヤル・ハイネス
公爵	デューク	ユア・グレース
公爵夫人	ダッチェス	ユア・グレース
侯爵、伯爵、子爵、男爵	ロード・(地名または姓)	マイ・ロード、またはユア・ロードシップ
侯爵・伯爵・子爵・男爵夫人	レディ・(地名または姓)	マイ・レディ、またはユア・レディシップ
准男爵、ナイト	サー・名・姓	サー・名
准男爵・ナイト夫人	レディ・姓	マイ・レディ、またはユア・レディシップ
公爵・侯爵・伯爵の長男	ロード・(地名または姓)	マイ・ロード、またはユア・ロードシップ
公爵・侯爵・伯爵の長男の夫人	レディ・(地名または姓)	マイ・レディ、またはユア・レディシップ
公爵・侯爵の次男以下	ロード・名・姓	マイ・ロード、またはユア・ロードシップ
公爵・侯爵の次男以下の夫人	レディ・夫の名・姓	マイ・レディ、またはユア・レディシップ
公爵・侯爵・伯爵の娘	レディ・名・姓	マイ・レディ、またはユア・レディシップ
子爵以下の娘	ミス・名・姓	ミス
伯爵の次男以下、および子爵以下の息子	ミスター・名・姓	サー

当主の夫人は、爵位名に敬称のレディをつけて「レディ・ロンドン」となる。娘は氏名にレディをつけて「レディ・アン・スミス(アン・スミス嬢)」である。子どもたちは親しい間柄なら、レディ・アン、ロード・アンドリュー等と姓を省略することもできる。長男と次男、当主夫人と娘と嫁は敬称のつけ方でこのように区別される。

なお、伯爵の場合、長男は「名目的爵位」を使うことができ、ロードという貴族らしい敬称で呼ばれるが、次男以下は平民と同様のミスターとなる。伯爵の娘の方は、長女も末っ子も全員レディであるのに、男女で呼称に差があり、ややこしい。子爵以下の子どもは男も女も全員ミスター、ミスとなる。また正式な文書では、敬称の前に別の尊称がつくことになる。

准男爵とナイトも、同じ家族で呼び方に変化が出て難しい。夫は「サー」に名と姓または名のみ、妻は「レディ」に姓をつける。ナイトであるサー・ショーン・コネリーを、サー・ショーンと略すことは可能だが、サー・コネリーと呼ぶのは誤用である。そして夫人はレディ・コネリーとなる。

こうやって概要を書いてみて、一〇〇年前の奥様や執事の苦労が骨身にしみて理解できた気がする。

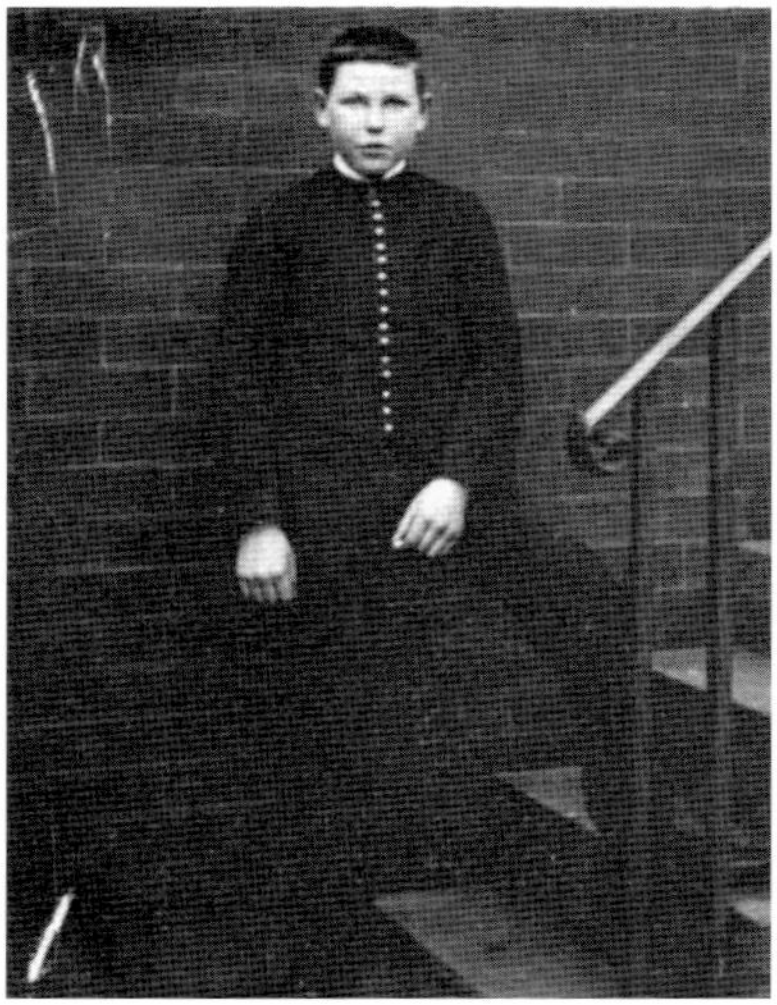

ページボーイ時代のエドウィン・リー。13歳のときから1年ほど、ランカシャーの医師の家で働いていたときの服装。

ラフォード・アビーで庭師見習い（ガーデンボーイ）をしていた15歳のジョージ・スリングスビー。

第3章

執事の出世

少年の旅立ち

「家ですごす最後の週は、お別れの準備に費やされた。リリー（＊姉）は私の晴れ着《サンデー・ベスト》をつくろってブラシをかけ、白いシャツ二枚や下着類もきれいに洗濯してくれた。両親の写った鉄板写真《ティンタイプ》（＊ブリキ板に定着させる初期の写真術）と、讃美歌集、金言集を荷物に入れた。それから、親友のデイヴィー・ドリスコルにさよならを言いに行ったときくれた押し花も持っていった。（中略）

ついにその日がやってきた。一八九四年八月一〇日。ママは私を連れてバーケンヘッド（＊リヴァプールの対岸の町）のフェリー乗り場まで、鉄道馬車（＊客車を引いてレールの上を走る馬車）で行った。身をかがめ、私にキスをしてささやく。『勇気をだして、せいいっぱいがんばるのよ』

ママが私のそばから歩み去るところを見て、自分は生まれて初めてほんとうにひとりきりになったのだと実感した。ほんの一瞬、母のもとへ駆け戻りたい衝動にかられる。けれど、そうするかわりに私は、へこんだブリキのトランクをデッキに運び上げ、船の舳《へ》先《さき》に走った。その瞬間、ベルが鳴り響き、船着場のゲートが閉じられた。そしてフェリーはゆっくりと水上を滑り、マージー川を渡ってゆく。おそれとためらいの気持ちは、潮がひくように消えていった。やがて向こう岸が見えてくるにつれ、突如として興奮の波が沸き起こった。あそこで、もうまもなく着くあの場所で、私の新しい生活が始まるのだ」

フレデリック・ゴーストが使用人になるために旅立ったのは、わずか一二歳のときだった。地元の牧師の紹介で、神学校の住み込み「ページボーイ」に採用されたのだ。お仕着せに身をつつんで、給仕や雑用をする。彼がのちに働くことになる公爵邸や王宮に比べれば、つつましやかなスタートだった。

貴族や地主は、自分の邸宅の下働きとして、あまりにも幼い少年を雇うことは好まない傾向にあった。使用人の道をめざす男の子たちは、小学校通学のかたわら、あるいは卒業してから、近所の農家や商店などの手伝いに通い始めた。そこで一年から一年半ほど働いて仕事に慣れたら、次のステップへと進んでゆく。牧師や学校の校長など、地元の有力者に仲介を頼んだり、新聞広告を見たり、使用人紹介所を使うなどの方法で、小さな職場から「紳士の家の使用人職《ジェントルマンズ・サーヴィス》」への転身をねらった。

一方で、猟場番人《ゲームキーパー》や庭師《ガーデナー》の息子たちは、幼いうちから親を手伝うことで仕事を覚え、その経験を担保に最初から大邸宅の見習い職につくことも多かった。御者《コーチマン》や馬丁《グルーム》も含め、屋外使用人は、専門技術を教え込むために、できるだけ若いうちから採用することが推奨されたのである。

彼ら少年たちの、旅立ちに寄せる思いは

女主人「うちの使用人にはたっぷりと食べさせるけれど、食べ残しは許しませんよ」ページボーイ「心配ご無用です奥様、残り物を出すくらいならはちきれるまで食べますから」少年使用人は食べ盛りの年頃。『パンチ』1868年2月22日。

少佐「肩まで掛けろと言っとるだろう」体格的に無理。1892年1月23日。

「ホーカム・ホール」の使用人と猟場番人たち。1865年頃。

どんなものだったのか。冒頭に引用したフレデリック・ゴーストの回想からは、不安や戸惑いはあるものの、それを上回る期待感やときめきも伝わってくる。各種の資料をみていくと、女の子の場合、メイドになるために家を出ることについて「いますぐ帰りたかった」「家計を支える必要から仕方なく」「親の決めたことに従って」など、心細さを素直に吐露《とろ》する証言が多い。しかし労働者階級の男の子にとって、働くために家を出ることは、自分の足で立つこと、とりわけ母の庇護《ひご》からの独立を意味したのではないだろうか。別離の瞬間は、とてもつらかったのかもしれない。けれど、何十年もたってから振り返るとき、それは成功への決意を示す「儀式」のように想起されるのである。

馬丁の略礼装（左）。右は御者のオーバーコート。肩章やボタンなどの飾りが多い。1848年。

使用人のキャリアは「ボーイ」から

室内で働く男性家事使用人たちのキャリアの出発点には、「ボーイ」の職がさまざまあった。まず「ホールボーイ」。この「ホール」の意味は、スタッフが食事や休憩に使う「使用人ホール」と、彼が雑用に走り回っていた「廊下《ホール》」の二通りの説があるようだ。彼らは屋内のあらゆる部署の雑用を手伝い、石炭運びなどの力仕事をこなし、使用人の食事では給仕を担当した。ほかに、ナイフボーイ、ブーツボーイ（＊厳密には「ブートボーイ」）、ランプボーイなど、主として任せられた仕事にしたがって呼ばれた。ナイフの手入れ、靴磨き、ランプ磨きは、家のなかでも下っ端のスタッフが引き受ける汚れ仕事である。

第一次世界大戦突入後の一九一五年頃。ゴードン・グリメットは、大手の使用人紹介所「ミセス・ハント」を介して、ウィルトシャーに建つバース侯爵の大邸宅「ロングリート・ハウス」でランプボーイの職を得た。彼は、自分が採用されたランプボーイという職について何ひとつ知らなかったので、家族や地元の知り合いに聞いてまわった。しかし誰からも納得のいく返事は返ってこない。家の規模が大きくなるほど、スタッフの人数が増え、仕事内容は細分化されていく。大邸宅にはランプ専任のスタッフが存在するのだということなど、庶民の身には想像もできないのだ。「行ってみればすぐわかるわよ」――と母親は言った。

ゴードンは中古で手に入れた茶色いブリキのトランクを携えて、鉄道で旅立った。不安な気持ちが重く胸にのしかかる。けれど「これは冒険なんだ。それに、いつでも帰れる家はある」と明るく考えて臨んだ。

ロングリート・ハウスの邸内には、「人間ひとりが処理するのはとても不可能なほど」無数のランプが使われていた。主人の

馬丁の平服（左）と礼装（右）。J・クーツ『仕立て屋の裁断室のための実用ガイド』1848年。

バース侯爵は、ガスも電気も好まず、ランプとロウソクを主な照明として使い続けていたのだ。ゴードンは毎日のようにランプを回収し、掃除し、専用のはさみで灯心を切りそろえて灯油《パラフィン・オイル》を補充しなければならなかった。「雑役夫《オッドマン》」と「家令室付き《スチュワーズ・ルーム》ボーイ」が手伝ってくれたが、それでも追いつかず遅れると、家令はフットマンも送ってよこした。

ロングリート・ハウス。16世紀に作られた歴史ある大邸宅で、現在はサファリパークが併設されたファミリー向けの観光施設になっている。

ロングリートの応接室。装飾的な天井、ビロード張りの壁など、贅沢な内装。

ロングリートの図書室。1899年頃の写真。

「執事を従者する」？

さて、ここでまた別のボーイが出てきた。「家令室付きボーイ」もやはり、下っ端の少年使用人だった。一九三〇年代に、この職を経験したジョージ・ワシントンによると、主な仕事は「家令室の管理と、執事の従者役をする（ヴァレットする）こと」だったという。ひとつの発言に、家令《スチュワード》、執事《バトラー》、従者《ヴァレット》の三つの職名が入り乱れて、どうにもややこしい。

家令と執事とのあいだの線引きはあいまいだ。ひとつの回想録のなかで同じ人物が家令とも執事とも呼ばれていたり、家令室という部屋は存在するものの、実際にそこを使っていた人間は執事であったりする。

家令室にせよ、ホールにせよランプにせよ、さまざまなものを担当していた「ボーイ」たち。彼らはまだ、客や家族の前に出ることを許されない身の上だった。代わりにほかの使用人にかしずいて給仕し、命じられた雑用をひたすらこなし、「執事の従者」を勤めながら、上にあがれるチャンスを待っていた。

一九世紀末生まれのアーネスト・キング

がホールボーイになったとき、自分にとっての「ご主人様」は執事だったと回想している。

『イエス、サー。ノー、サー。まるまる三袋ですね、サー』（＊伝承童謡「めぇめぇ羊さん」の歌詞のもじり）と言いながら仕える。私が使用人という仕事を初めて学んだのは、たぶん、使用人の使用人になることを通してであったのではないかと思う」

大邸宅に入ったボーイたちは、このように低い地位からキャリアを始めたのである。

賛否両論の「ページボーイ」

下働きのボーイたちは、四六時中「家の裏側」の仕事に追われているため、フォーマルな制服は必要なく、普段着で働いていた。しかしなかには、雑用のかたわら独特の「お仕着せ」を身に着けて、使い走りや客の応対、雇い主の食卓の給仕をするボーイもいた。「ページボーイ」である。

一八八〇年に発行された『使用人の実用的ガイド』は、このページボーイに関して厳しい意見を述べている。成人男性の使用人を雇う予算がないからといって、ページボーイをひとりだけ雇う家がごくまれにあるが、まず役には立たないだろう。ページボーイは「男の子がもっとも手に負えない年齢」で雇われるもので、勤務先に子どもがいれば仕事そっちのけで遊んでしまう。重い盆を運べる体格でもなければ技術もない。メイドよりこらえ性がない。それなら、おとなしくて有能なパーラーメイドを選ぶほうがよほどよいはずだ。ページボーイを

小さな別荘に、雑用をしに通ってくるボーイ。『カッセル・ファミリー・マガジン』1883年。

田舎出身で物知らずな「ブーツボーイ」がハウスメイドにわからない言葉を尋ねるが、彼女だってたいして知っているわけではない。『パンチ』1898年5月28日。

「おまえ、パパがお仕着せくれたから自分はフットマンだって思ってるかもしんないけど、ほんとはただのページだからな！　ボタンのついた制服着ろよ！」フットマンとページボーイの区別は、服の違いと年格好、あとは雇い主がどう呼びたいかなのだろう。『パンチ』1865年3月25日。

友人に頼まれてハウスキーパー役をつとめる中流レディ。ページボーイと一緒に洗い物に奮闘する。『カッセル・ファミリー・マガジン』1895年。

効果的に使えるのは、男性使用人が複数いる大きな世帯で、臨時の手伝いに雇う場合だけだ、という。

　このような記述には階級意識の影がちらつく。大貴族の家を真似して男性使用人を雇いたいが、予算がなくてできない中流家庭が、そこらの少年にお仕着せを与えて格好をつけるのは恥ずかしいことだ。ガイドの筆者はおそらくそうした「中流的な見栄」を批判したいのだ。

　中流家庭のページボーイは、雑誌『パンチ』の諷刺画にもよく登場している。三列のボタンがついたこぎれいなお仕着せを着てはいるものの、中身は粗野で場の空気が読めず、騒動を巻き起こす、イタズラ者の少年たちだ。道化にも似た役回りである。

　手引書や諷刺誌にいくら揶揄《やゆ》されても、たびたび漫画の題材になるくらいだから、やはりそれなりの需要はあったのだろう。個人宅ではなく、ホテルやクラブに勤めるページボーイもいる。ぱりっとしたお仕着せを身につけた彼らを街で見かけて、使用人になってもいいかなと考えはじめる男の子も確かにいたのだ。メイドの制服やキャ

おつかいに出たきりさっぱり帰ってこないページボーイを叱るレディ。「だってあそこの家の執事と一緒に『パンチ』見てたんですよう」『パンチ』1863年1月24日。

ップが、ほとんどの女の子にとって絶望的に格好が悪いものだったのとは、対照的な反応である。

「お仕着せ」は出世のあかし

そもそもここでいう、男性使用人の「お仕《リヴ》着せ《リー》」とは何なのか。仕事のときに着る服ではあるが、飾りが多く、機能性はむしろ低い。しかし、この服はただの作業着ではないのだ。中世の貴族たちは、家の紋章を帯びて武装した家臣たちを引き連れていた。近代におけるフットマンやページボーイは、この家臣たちの末裔《まつえい》なのである。

お仕着せは派手な色のものが多かった。着用するのは御者、馬丁、門番、フットマン、ページボーイなど、ひと目にふれる職である。そして、男性使用人のお仕着せと仕事用のスーツは、年に数着ずつ、主人の出費で支給されていた。

女性の使用人が着るのは、中世からの伝統とは関係のない「制服《ユニフォーム》」である。仕事をはじめるときに、原則として自分で用意して持ち込まなければならなかった。つまり主人たちは、メイドには実用本位の制服を自腹で買わせる一方で、男性には高価で装飾的な服を「お仕着せ」していたわけである。制服に対する態度の差を見ていくと、男女に求められた役割の違いが見えてくる。

さて、ここでフレデリック・ゴーストに再び登場してもらおう。彼は神学校のページボーイになったとき、衣装だんすの中に初めてのお仕着せを発見して胸を躍らせた。

「濃い赤のジャケットには、明るい赤色の襟と白いふちどりがついていて、ダークブルーの長ズボンの上から丁寧にボタンで留められていた。きらきら輝く上着のボタンは全部で八つ。私はこの服を今すぐ着てみたいという気持ちに抗《あらが》えなかった」

しかしズボンに足を突っ込んだ瞬間、執事のミスター・テイラーがやってきて言う。

「『お仕着せは身体に合ったようだ。少なくとも下半身はね。前のページボーイは、服はぴったりだったんだが、本人が仕事にぴったりではなかったのだよ』」

つまり、この神学校のページボーイの服は、前任者のお古だったのだ。フレデリック・ゴーストが真新しい自分のお仕着せを手に入れるのは、ここで二年以上働き、次の職場へ「若手のフットマン」として転職してからのことである。銀器磨きとテーブルセッティングに追われて最初の一週間をすごし、指がひきつりそうになるくらいだったが、それでも「私のお仕着せがついに届いたときは、すっかり気分が良くなっ

「RSVPって何の略?」「もちろん『Rランプ S ステーキとV子牛のPパイ』」(実際は「要返答」の仏語の頭文字)『パンチ』1892年7月2日。

ページボーイの下品な言葉遣いを矯正しようとするパーラーメイド。でもそういう自分こそがかなりな下町なまりで……『パンチ』1884年3月29日。

典型的なページのお仕着せ（左）。右はタイガーと呼ばれる少年使用人。御者風のお仕着せを着て馬車に帯同する。J・クーツ『仕立て屋の裁断室のための実用ガイド』1848年。

ジャケットに金属製の小さなボタンが一列ないしは三列に並んでいるのがページボーイのお仕着せの特徴。『パンチ』1892年12月24日。

た」と述べている。この邸宅「カーデン・パーク」のフットマンの服は以下のようなものだった。

「暗紫色《プラム》のウールの礼服《ドレス・スーツ》で、同じ色のベストには、銀のボタンが飾られていた。初めての白いドレスシャツと角の丸い襟。それに白いピケ（＊コットン生地の一種）の蝶ネクタイをつけた。ページボーイのお仕着せをはじめて見たときの興奮は覚えているけれど、今度のこの服はもっといいものだったし、完璧に体にフィットした」

ここのフットマンのお仕着せは暗紫だが、家によってそれぞれ伝統の色がある。赤や紫だけでなく青や緑を着せる家もあった。ゴードン・グリメットはランプボーイとして一年ほど勤めたあと、同じ邸宅で第三フットマンに昇格した。侯爵家のお仕着せをととのえてもらうことになり、その色はというと。

「上着はからし色でした。中には銀のモールを飾った黒いベストを着ました。下は膝丈のズボン《ブリーチズ》。厚手のシルクのストッキングには、くるぶしのところに複雑な模様の刺繍がはいっていました」

この「ロングリート・ハウス」のお仕着せは、一八世紀のデザインだった。ほかの家でも、一九世紀から二〇世紀初頭のフットマンの礼装は、概して一八世紀の紳士の服装を受け継いだものになっていた。膝丈のズボンやカツラ、肩章などはその名残りである。一九世紀ヴィクトリア時代の紳士たちがカツラをやめてしまったあとも、しばらくフットマンたちは着用しつづけていた。そんなフットマンの頭からさえもカツラがすたれたとき、髪に粉をつけて白くすることを求められる場合があった。専用の「髪用おしろい《ヴァイオレット・パウダー》」を使う家もあるが、小麦粉ですませることも多かった。

礼装に対する略装のほうはというと。紳士の燕尾服のテールを少し短くカットしたような「コーティー」という上着に、横じまのベストと長ズボンといういでたちだった。つまり、男性のズボンは短いほうが歴史的にフォーマルな服装とみなされていた。

フットマンの屋外用最礼装（左）。羽根のついた三角帽、肩章、白いストッキング、儀杖。右はオーバーコート。1848年。

フットマンの室内用お仕着せ（左）と礼装（右）。左は濃い色の上着に横じまのベスト。右は髪おしろいをつけて白くしている。1848年。

フットマンの階段をのぼる

下働きのボーイから、フットマンになり、お仕着せを手に入れるということは、序列の厳しい使用人社会のなかで、一段ランクがあがるということを意味していた。ホールボーイたちは、裏方仕事をこなしながら機会を待ち、上に欠員ができたり、先輩が休暇をとったときなどに、すかさず代わりをつとめることで少しずつ上昇していった。主人に気に入られ、同じ職場で大幅な昇格をはたした例も散見される。

けれど、ひとつの職場で働き続けていると、いつかは上がつかえるときがくる。たとえば、昇進できるのはフットマンなど下級グループの最上位までで、執事をはじめとする上級使用人の地位には、経験のある人間を外から呼び寄せて据える家は多かった。かつての同僚が上司と部下の関係になれば、命令系統に不具合が起きると考えられたからだ。どこまで上がると壁にぶつかるのか、その境界線は家ごとに違っていた。

アーネスト・キングが第二フットマンになり、初めてのお仕着せを身につけたのは、一八歳のときだった。彼に言わせると、男性使用人の出世には転職が必須だという。

「男の使用人が職業を会《え》得《とく》するには、仕事から仕事へ、職場から職場へと移り続けて経験を広げ、知識をどんどん身につけていかなければならない。とはいえ、それぞれの職場には、少なくとも二年はとどまって、貴重なパスポートを手に入れる必要がある

ルイス・キャロル『不思議の国のアリス』につけられたジョン・テニエルの挿絵。サカナ顔のフットマンは帽子もかぶった外出用の礼装、出迎えるカエル顔のフットマンはカツラをつけて屋内用のお仕着せ姿。

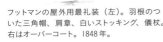

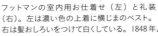

――紹介状だ。ハウスボーイ（＊ホールボーイと同様の下働き）やフットマンのようなレベルの同輩たちは、ひと山いくらで余っていたのだから、二年間の職務経歴を証明できなければ誰も雇ってはくれないのだ」

男性使用人がひとりだけの家より、執事とフットマンとボーイがそろっている家のほうがいい。小さなタウンハウスよりはカントリーハウスのほうが、新興成金よりは貴族のほうが格式が高い。野心的な下級男性使用人たちは、少しでも上位の職場に移り、そのたびに自分の値段を吊り上げながら出世していった。

屋外から屋内への転進

ただまっすぐに上昇するだけではなく、自分の行きたい道に途中で気付き、大きくコースを変更した人もいる。ジョージ・スリングスビーもそのひとりだ。彼は学校に通うかたわら庭師の父の手伝いを始めた。一四歳のときに卒業し、サヴィル男爵の邸宅「ラフォード・アビー」の庭師見習い「ガーデンボーイ」になる。

「ブレナム・パレス」の門番。天候のよしあしと、邸内で特別なできごとがあるかどうかで、四種類の旗を屋敷の上に立てる任務も担っていた。

リッチフィールド伯爵の本拠地、スタッフォードシャーの邸宅「シャグバラ」のフットマン。室内用のお仕着せ姿。1920年代。

「ブレナム・パレス」御者の最礼装。1900年頃。写真はモノクロだが実際には赤に金のラインが入っていてとても華やかである。

女主人「うちの使用人はみんな満足していると思っていたわ」フットマン「ええ、不満などございません。しかし、私のように見目のよい若者は、馬車の後ろに二人のフットマンを立たせる家に勤めるべきだと友人が申すもので」ここまではっきり言わないにせよ、誰もが出世を求めて職場をかえた。『パンチ』1863年6月6日。

庭師たちは、普段は家の外で働いているが、王を迎えてもてなすときには、邸内に入ってフラワーアレンジメントを担当した。ジョージも庭師頭に連れられて、邸内に足を踏み入れる。磨き抜かれた床を傷つけないように、雌鹿《ドスキン》の革のモカシン靴をはき、深いポケットのある大きなベーズ（＊分厚いラシャ布）のエプロンをつけていた。

　巨大なホールを前に、ジョージは言葉を失った。巨大なクリスタルのシャンデリアが、壁の美しいタペストリーに虹色の光を投げかけている。年配の庭師がにやりと笑い、ジョージを小突いた。「おいぼうず、きびきび歩きな。その口を閉じるんだ。まだおまえはなんにも見てないも同然なんだぜ」

ノッティンガムシャーにあった邸宅「ラフォード・アビー」。社交の場として栄えた19世紀末の姿。現在では半分崩壊した状態で公開されている。

　彼の言葉はほんとうだった。ジョージは「家の表側」の豪華な部屋をつぎつぎと目撃する。大階段、ロングギャラリー、舞踏室。庭師たちは、温室の花やシダ植物を使って装飾をほどこした。作業を手伝いながら、少年は周囲の様子を見つめていた。

　仕事がひと段落して使用人ホールで食事をとっていたとき、ジョージはほかの部署のスタッフから、王をもてなすときに使われる、紋章の入った純金のディナーセットの話を聞く。どうしても見たくなった彼は、翌日の夜、仲良くなった可愛いパーラーメイドの手引きで屋内に忍び込み、準備のととのった宴会広間を盗み見る。

　シャンデリアが四つ。磨き抜かれた長いテーブル。金箔《きんぱく》をほどこし、深紅のベルベットを張った椅子。クリスタルガラスのフィンガーボウルには薔薇のつぼみが添えてある。ロウソクの光に銀のカトラリーが映える。睡蓮《すいれん》の形に折りたたまれた、しみひとつないナプキン。そして、そう、金のディナーセットが燦然《さんぜん》と輝いていた。

　このときジョージ・スリングスビーは、屋内スタッフをめざすことを決める。ホールボーイのポジションに移り、屋内使用人の頂点をめざしていくのである。

　ラフォード・アビーは居心地がよく、待遇に不満はなかったが、一七歳に近づいた一九〇五年のこと、彼は転職を決意する。「二〇歳までに、階上の部屋にあがれる職につけなければ、一生下っ端のまま」だという話を聞いたからである。

ジョージ・スリングスビーの両親。父親は「バブワース・ホール」という地主の邸宅で庭師をしていた。

魅惑のふくらはぎと高身長

　フットマンの位置までたどりついた青年たちは、さらなる上昇をもとめて転職を繰り返した。選考基準としてとくに重視されたのは、外見と身長である。一八六一年に出版された『ビートン夫人の家政の書』に

後ろの荷車のロバが、フットマンのふくらはぎに詰めてあった藁をかじって……『パンチ』1864年9月17日。

華やかに飾られた食卓、執事とひとそろいのフットマン。教授「この家ではロンドンで一番のフランス人シェフを雇っているのですと？　では、おしゃべりは延期して食事に専念しましょう」美女より美食。『パンチ』1876年5月6日。

ハンサムぞろい?な「ペットワース・ハウス」のフットマンたち。ダークブルーの上着、フラシ天の黒い膝丈ズボン、紋章入りの銀ボタン。1904～5年頃の写真。

はこのように書かれている。

「ささいに思えるようなことが、大きな違いにつながるものです。たとえば上流のレディがフットマンを選ぶとき、身長と体つき、ふくらはぎの形状だけしか見ないで決めるというようなことをしていれば、雇い主にまったく愛着を持たない人材しか見つからなくても不思議はありません。こういう人は、どれだけ馬車の後ろに立つときの姿や、どれだけ遅くまで起きて待たされるのか、どれだけ高い給料を吹っかけられるか、食べ物を無駄にできるか、手中にできる役得のことなどしか考えていないのです」

　当時、非常に人気のあった家事の手引書がわざわざ指摘するという事実から、そういう人もそれなりにいたのだと推察される。膝丈のズボンと絹のストッキングに包まれた形の良いふくらはぎは、一八世紀の男性にとって大切なアピールポイントであった。その魅力は、一〇〇年後のフットマンに受け継がれたものとみえる。

　しかし、男性使用人のキャリアに対して、ふくらはぎよりもよほど強い影響を与えたのは、なんといっても身長である。

　チャールズ・ブースによれば、一九世紀末、フットマンの身長と賃金には相関関係がみられたという。第一フットマンの場合、身長が五フィート六インチ（一六七・六センチメートル）なら年俸三〇ポンド以下。五フィート一〇インチ（一七七・八センチメートル）から六フィート（一八二・九センチメートル）なら三二ポンドから四〇ポンド。身長が高いほど良い勤め口が選べたということだ。

　同じ背丈と体型の男性を二人選んで「マッチング・フットマン」として働かせる家

もあった。二人で同じ動作をさせたり、馬車の後ろや玄関に並べて立たせたりと、儀礼的な用途に使われた。

当事者による証言も数多く残されている。たとえばチャールズ・クーパーは一八九〇年代、一七歳のとき、とある家でフットマンとして勤めていた。ところが、重い荷物を運ぶ力がなく体が弱すぎると判断され、別の職場を見つけてはどうかと勧められる。やんわりとクビを宣告されたのだ。しかし、次の仕事を探すのに苦労はしなかった。このときすでに彼は六フィート二インチ（一八八センチメートル）もあったからだ。

逆に、身長が足りなくてせつない思いをした例ももちろんある。エリック・ホーン*は、五フィート九インチ（一七五・三センチメートル）で成長が止まり、「王室の執事になる」という野望をあきらめた。王宮の使用人にはとりわけ上背が必要と考えられていた。アーネスト・キングによれば、第一次世界大戦以前の基準なら、五フィート一〇インチから六フィートなければ王室で採用されるのは無理だったという。

一九二〇年代半ば、海辺のリゾート地で裕福な牧師宅のキッチンメイドになったマーガレット・パウエルは、玄関から出てきた執事をひと目見たときの感想をこのように述べている。

「ここの執事はものすごく背が低かった。執事というと、背が高くて堂々とした人がなるとずっと思っていたんだけれど」

つまり、並み居るライバルを背丈という

＊ エリック・ホーン
19世紀半ば、サウサンプトンにほど近い町の貧しい家に生まれる。小さな家での一人勤務の執事から、男爵、伯爵、侯爵、ロシアの亡命皇族やインドのプリンスまで、さまざまな世帯に勤める。登場人物を匿名にした回想録『執事がウィンクしたもの（What the Butler Winked at）』（1923）、『もっとウィンク（More Winks）』（1933）がある。

ちびのページボーイと、背が高く高慢なフットマン。漫画とはいえたいへんな身長差である。『パンチ』1892年1月9日。

トップハットにも負けないくらい背の高い執事が玄関先で出迎える。『パンチ』1894年2月17日。

武器で蹴落とし、勝ち残ってきたフットマンの最終形態が従者や執事というわけなのだ。

従者か執事か、それが問題だ

お仕着せを身につけることが出世のあかしである時期をすぎて、さらに前進を続けると、今度はその服を脱ぐときがくる。従者、執事、家令。「上級使用人」として扱われる彼らには、お仕着せは支給されず、そのときどきの私服を身につけていた。

従者はひとりの主人について、徹底的に彼だけの世話をする。執事はその家全体の管理監督をする。それぞれに求められる資質は異なった。ひとりに尽くすか、部下を掌握するか。どちらが自分に向いているのか、どちらのほうが良い生活になるか、ここが思案のしどころであった。

フットマンの主な仕事は、テーブルの給仕や客の応対、銀器類の手入れなどである。しかし折々に追加の業務として、自分の従者をつれてこなかった滞在客のため、身のまわりの世話をまかされることがあった。また、第一フットマンを「貴婦人《レディーズ》付きのフットマン」や「旅行《トラベリング》付き添いフットマン」と呼び、夫人の外出や旅行のサポートに専念させる家もあった。一定期間のあいだ、このような位置で従者の代役や旅行の采配を経験すれば、専任の従者になる準備は万端といえた。

従者とは、主人の側からみれば、自分の私生活をすべて預ける相手である。信頼の裏書きが必要であるからか、ここまでのランクになると、転職のルートは口コミが多くなった。自分の家のお気に入りのフットマンを昇格させる人もいたし、親戚や友人の紹介を頼りにする人もいた。

ジョージ・スリングスビーは、一八歳のとき、地主宅の執事の職をオファーされ、悩んだ末に承諾した。一八歳で執事というのはいかにも若い。一〇〇年くらい前の英国では、執事の職に応募するなら、少なくとも三〇歳以上でなければ、と考えるのが一般的だった。

さて、実の娘が書いた伝記の記述を信じ

面接する侯爵。「強い香りの葉巻は大丈夫かね？　前の従者は私の葉巻の匂いでやめてしまったんだよ」主人はガウン、従者は地味なモーニングスーツに山高帽を手にしている。『パンチ』1886年3月20日。

侯爵夫人のお出かけ。御者がドアを開けて待ち、夫人の後ろから愛玩犬と帽子屋に持参する布地の箱をささげ持ったフットマン二人が同じ背丈で現れる。ジョージ・R・シムズ編『ロンドン暮らし』（1902年）より。

るなら、ジョージ・スリングスビーは若い頃から非常に有能で、多少の失敗はありつつもうまく執事の仕事に順応していった。

ただ、一年半ほど経過したところで、この職は性に合わないと思い始める。フットマンのときのような派手さに欠ける。ほかのスタッフには厳格な父親のように距離をおいて接し、孤独でいなければならない。使用人として頂点の場所にたどりついたものの、「退屈な日々に囚われてしまった」と感じた彼は、あえて地位を落としてポートランド公爵家のフットマンに応募する。そこから従者の道に進むことにした。

部下を統制するために厳格な仮面をかぶる執事と、主人を和ませる愛想も求められる従者。家に根を張る執事と、主人に付き添って飛び回る従者。混同されやすく、両者を兼任することも多かったとはいえ、この二つの職は、本来かなり異なる性格のものであったといえよう。

名物執事の経歴

最上級の地位にたどり着くまでの道筋を知るため、ここで、エドウィン・リーのキャリアの一部を参照してみよう。

頬ひげ・もみあげの中年男性、背は高いが太鼓腹で横にも広い、というのが執事のイメージ。『パンチ』1906年カレンダー。

彼は一九一二年、二四歳のとき、第一フットマンとしてアスター家にやってきた。初めは気まぐれで強気な女主人に振り回されて疲弊したが、どうにか彼女を受け入れようと努力した。「能力の最大限をもって仕事をし、仕事そのものによって自分を弁護する。しかし、その仕事に対して難癖《なんくせ》を受けたなら、相手がアスター夫人であれ誰であれ、反論をおこなう」というのが彼の持論であった。困難な道ではあったが、この方法は時間をかけて効果を発揮した。

数か月後。環境にも慣れて日々の暮らしが楽しくなってきた頃、「グルーム・オブ・チェンバーズ」のポストが空いたので、彼はそこへ入ることになった。これは応接間や客室などの美観を整えることを主に担当する職で、フットマンの上級版のようなものである。

アスター氏には従者がいたが、この男は遊び好きの宵っ張りで、朝に主人を起こしに行く仕事ができなくなっていた。やがて当然のごとく、この従者はクビになる。アスター氏が海外旅行に出かける日が二日後にせまっていたため、エドウィン・リーは従者の代理を求められることになった。

このときの彼はまだ経験不足で「人生で一度も他人のひげをそったことがない」状態だった。出発まではたったの四八時間。フットマンやホールボーイを「おまえと、おまえ、あとおまえ」とかき集めて練習台にし、どうにか「スウィーニー・トッド（＊客の喉首を切るという殺人床屋）と間違われないところまで」準備をととのえることができた。

しばらくのあいだ従者とグルーム・オブ・チェンバーズを兼任していたが、やがて第一次世界大戦が始まり、志願する。一九一九年に除隊になると、従軍前からの主人との約束で、今度は専任の従者としてアスター家に戻ることになった。その翌年、彼は執事に昇格する。最終的に、半世紀以上にわたってアスター家の一族に仕え続け、「クリヴデン邸のリー卿」と賞賛されるまでになった。

その有能ぶりと勤務歴の長さは、執事一般の類型からは外れるものかもしれない。しかし彼の話からは、上のポストに空白ができたときにせいいっぱい代役をつとめ、技術が足りなければ猛練習するという、シンプルな努力が見て取れる。家族からも使用人からも敬われる名物執事の地位に彼を押し上げた源には、そんな地道な日々の積み重ねがあったのかもしれない。

クリヴデンの男性使用人たち。執事やフットマンたちに混じって、おそらく中央に立っているのがグルーム・オブ・チェンバーズ。

不本意な格下げと世相の変化

エリック・ホーンは、あるとき侯爵家の城の執事として採用された。主人はロンドンやほかのカントリーハウスに住むことのほうを好んだので、ほとんどの時期は城主不在になっていた。そして、侯爵が滞在している期間だけは、別の人間がやってきて執事役を引き継いだ。この臨時の執事は、三〇年以上侯爵に仕えたのちに引退し、年金をもらって地元の村に住んでいた。老執事がいるあいだ、エリック・ホーンはグルーム・オブ・チェンバーズに格下げされる。補欠扱いの心境は複雑であった。

「当時は今より若かったので、グルーム・オブ・チェンバーズに格下げされるというのは嫌なものだった。年老いた腹心の執事がやってきて指揮をとるのだ。私にだって良い仕事はできるのにと思った。ご主人様に、このような場面で第二ヴァイオリンをつとめる（＊脇役を演じる）のを私は好みません、と伝えた。

『第二ヴァイオリンか』と彼は言った。『おまえは、楽団に参加できるだけでもまったく幸運だと思うべきなのだぞ』

たしかに悪い職場ではなかったが、使用人たちには昔ながらの慣習も〈団結精神〉もなく、そうした感覚は急速に死に絶えつつあった。お仕着せを着ることや、このように格の高い家に仕えることへの誇りは、古き日々ほどにはもう存在しないのだ」

侯爵の心は、「ご領主さま」の天下であった古きよき時代のまま時を止めていた。しかしこれは、やがて第一次世界大戦が起ころうという頃の話なのだ。エリックの観察によれば、戦地から戻ってきた男たちは、仕事のことは何も知らなければやる気もなく、他人に奉仕することを美徳とはしない心性に変わってしまっていたという。

歴史と伝統と格式を象徴する存在に思える執事たちの仕事人生も、時代の変化の影響を受けずにはいなかったのである。

column

執事と従者の服装

一人目「おい、ナイフとフォークがほしいんだが」二人目「困ったな――私もほしいんだ」紳士服は執事とさほど違いがない。間違われてしまって困惑。『パンチ』1891年2月21日。

私服の使用人

フットマンやページボーイには、ひと目でそれとわかる特徴的なお仕着せがある。しかし、執事と従者は「私服の使用人」であった。彼らはそのときどきの紳士たちと同じような服を着ていた。「執事用の服」が売られることはあっても、専用の「制服」は存在しなかったのである。

　紳士と同じ服なのであれば、どこかで区別をつける必要がある。紳士たちの服よりも少し安い素材を使って、古風なカットに仕立てるというのが基本的な対応策であった。ある手引書は「すみずみまで飾り気のない夜用の正装《イヴニング・ドレス》を、最大限に質素に、そしてきっちりとフィットするよう仕立てて着る」よう推奨していた。執事と紳士が描かれた同時代の諷刺画を見比べると、執事の服のほうが若干流行おくれであることが確認できる。

　紳士のドレスコードをわざと外すようにするというのも手段のひとつであった。紳士が白タイをつけるフォーマルな場で黒いタイをつける。上着との組み合わせとして間違ったズボンをはく、などである。

　一八九〇年代後半、フレデリック・ゴーストが「若手のフットマン」になったとき、上司の執事に初めて会った朝の印象を、彼は以下のように回想している。

「七時三〇分、急いで作業室に足を踏み入れると、それまで出会ったなかでいちばんエレガントな男性が目の前に立っていた――ミスター・リング。あとで聞いたところによると、彼は一時は皇太子殿下の執事だったこともあるのだという。けれどこのとき私には、まるで皇太子殿下その人のように見えた！　彼は縦じまの長ズボンに燕尾の上着《スワローテールコート》を身につけ、お洒落なパールグレーのサテンのベストを着て、黒いエナメル革の靴をはいていた。グレーのシルクの結び下げのネクタイに絶え間なく指を這わせ、きちょうめんにその折り目をセットし、鏡に映った自分の姿をしきりと確認していた」

　一九三〇年代に大邸宅のメイドをしていた女性の証言でも、執事は地味で黒っぽい姿をしていたという印象は変わらない。

「執事の午前中の服は、ふつうソフトな白いシャツ、黒いタイ、黒いベストとジャケット、ピンストライプのズボン。そしてもちろん、黒の紐靴とソックスでした。夜には、糊のきいた硬い白いシャツ、白の蝶ネクタイ、白のベスト、外側のサイドに飾りラインが入った黒のズボン、燕尾の上着、エナメル革の靴か、またはパンプスでした」

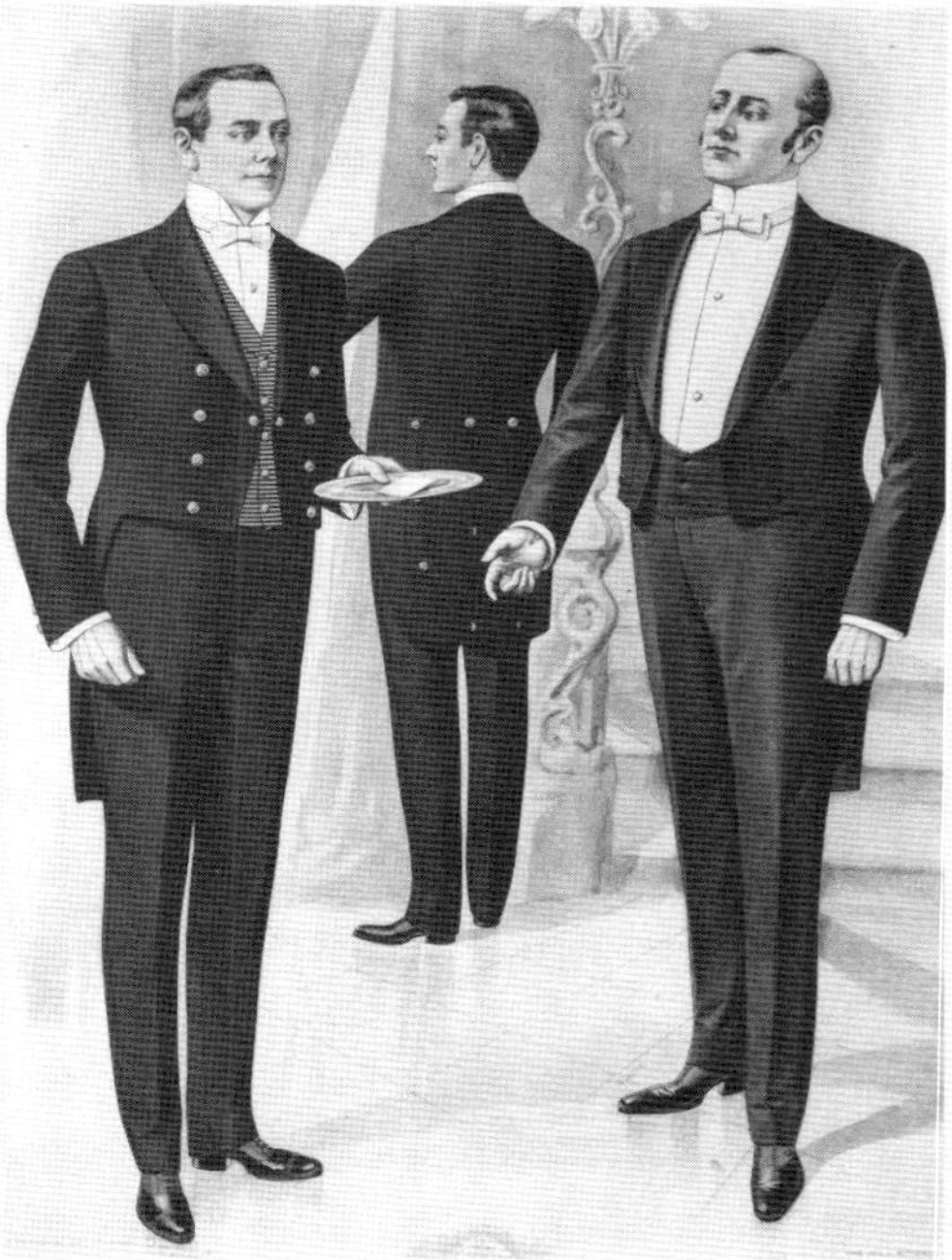

フットマン（左）の室内用お仕着せと執事の服の見本。仕立て業界誌『裁縫アート・ジャーナル』1900年夏号より。

テールなしの夜の装い「ディナージャケット」。アメリカでいうタキシード。1908年。

トラディショナルな紳士のお洒落、フロックコート。1908年の百貨店「ハロッズ」のカタログ。

晩餐や舞踏会などの最礼装、イヴニングドレスコート。1908年。

モーニングコート。午前中の正装。1908年。

おそらく午前中はモーニングスーツ、夜はイヴニングスーツに着替えていたのだろう。

お洒落の専門家だった従者

エリック・ホーンが、下級執事《アンダーバトラー》から従者へステップアップしたときの服装はこのようであった。

「従者は、彼の主人と同じくらいスマートな装いをめざさなければならない。髪にはたっぷりとオイルをつけ、ふつうは指輪をはめる。そして、自分がスマートに装うほどに従者の評価は高まる。なぜなら主人の服とブーツを完璧に仕上げなければならないにもかかわらず、さらに自分の持ち物も手入れしているということを意味するからだ」

どうも服のほうの具体的なディテールに欠けてよくわからないが、「スマートに」と繰り返し述べているところから、その時代の流行をほどよく追うことが従者には求められていたことは見てとれる。ワードローブの番人として、主人のお洒落を一手に引き受けるのだ。しかし、あくまで使用人ではあるので、一緒に旅行に出てもでしゃばりすぎない程度に古風でなくてはならなかった。さじ加減が大切だったのである。

執事の時間割（1893年）

【午前】
6:45　主人夫妻の部屋を訪問
7:30　主人のギロー氏にお茶を運び、正面玄関の鍵を開ける
8:00　使用人の朝食
9:00　ミサがあれば参席、または朝の祈り
9:30　客間の朝食
12:00　使用人の昼餐（ディナー）

【午後】
1:15　客間の昼食（ランチョン）
5:00　応接間のお茶
7:00　主人の晩餐（ディナー）
8:15　使用人の夕食（サパー）
9:15　夜の祈り
9:30　応接間のお茶
1:00　戸締まりをし、就寝

執事が作業室で銀器を磨いている様子。キリスト教の信仰にもとづいて使用人を啓蒙する雑誌『使用人マガジン』の1868年1月1日号。

第4章 執事の日課

執事の時間割

上の表は一八九三年、ランカシャーに建つ邸宅「レイトン・ホール」において、主人から執事に渡された覚書である。この邸宅のオーナーであるギロー家は、一八世紀のあいだに家具製造業で富を築いた産業資本家だった。しかし、一九世紀の初め、当主は事業から引退して、屋敷をゴシック風に改装し、地主としての生活を始める。産業革命のおかげで富をたくわえた上層中流階級の人びとは、ある程度の成功に達すると、お金とビジネスの世界をしりぞいて、上流階級らしい生活に入ろうとする傾向にあった。そのために、美しい邸宅と領地を手に入れるのはもちろん、経験豊富で有能な執事を雇うことも重要だった。

表に記載がない部分を補足してみよう。おそらく朝は六時頃に起床。朝食と昼食のあいだ、昼食と晩餐のあいだには、帳簿をつけたり、銀食器の手入れを監督したり、来客の応対に出たりしたのだろう。そして夜の「応接間のお茶」以降、戸締まりをするまでは、多少の自由時間があったかもしれない。なお、「ミサ」の時間があるのは、

若き独身紳士の優雅な朝食。従者がたびたび寝室に顔を出し、様子を見てはそっと戻っていく。ジョージ・R・シムズ編『ロンドン暮らし』（1902年）より。

ホスト「レディ誰某も、何某判事も、街に来ているのだそうですな。知っていればお招きしたものを」客たちの心の声――（そうしたら私たちのうち誰が省かれたものやら！）丸テーブルは人数が限られる半面、親密な雰囲気を演出できた。『パンチ』1886年12月11日。

ハンプシャーの「ボッシントン・ハウス」でフットマンとして働いていた頃のピーター・ホワイトリー。20代半ば。

奥様「スミザーズ、これから朝食の時間を15分早くしてちょうだい」執事「ではお暇をいただきたく存じます」奥様「えっ！　どういうこと？」執事「ええ、このお屋敷では使用人よりあなた様のご都合が優先されるようですので……」漫画らしい価値観の転倒。『パンチ』1913年4月23日。

ギロー家がカトリックの家柄であったため。教派による用語法の違いを反映したものである。

時間割は、その家の主人が求める理想の生活を体現するものだ。どの程度まで実現できていたのかはわからない。また、たとえ時間の取り決めがきちんと守られていたとしても、ほかの家でも同じパターンだったとは限らない。

夜更かしの奥様、早起きの旦那様

一九二五年、チャールズ・ディーンは、大富豪の娘アリス・アスターとその夫の家で、執事兼従者の職を得た。この女主人は、まだ二二歳くらいで、「ファスター・セット」と呼ばれる享楽的な若い人びとのグループに属していた。

「初めのうちは、細かいことにこだわる気難しい女性だと思いました。宵っ張りで、朝は毎日、一一時まで眠っています。そのため、家中の仕事はみんな後ろにずれ込みました。物音を立ててはならないため、掃除も不可能です。正午になるまでは満足に

滞在客を自慢のセラーに案内する大邸宅の執事。上等のワインを見せたあと……「お医者様がウィスキーはほかの酒より良いっておっしゃいますもんで、私ゃワインなんかよりもっぱらこっちを頂戴しておりますよ」『パンチ』1876年1月29日。

ハーウッド伯爵の本拠地「ハーウッド・ハウス」。豪奢な階上の部屋と、よく保存された使用人区画を、一般に公開している。20世紀にはジョージ六世の妹メアリー王女を妻に迎え、王室ともつながりを持った。

動き回ることもできず、ハウスキーパーにとっては都合の悪いことです。私は、夜型の生活に慣れるまで時間がかかりました」

そのうち悪夢を見るようになり、失敗を重ねて、職場放棄の寸前まで行ってしまった。しかし、彼の様子がおかしいことに気づいた女主人は「自分が扱いにくい人間だってことはわかっているのよ、ディーン。私のことは気にしないでちょうだい」と言い出した。そこでディーンは、彼女が何を言おうと意に介さないようになり、順応したという。

アリス・アスターとは正反対で、朝型の雇い主もいた。少し時代は下るが、ピーター・ホワイトリーが一九六〇年から執事として仕えたボイド卿は、著名な政治家であるとともに、ビールで知られるギネス社の取締役もつとめていた。ピーターはこのボイド卿を「それまで仕えた雇い主のなかで、もっとも忙しい男性」であったと評している。

朝の七時一五分に主人の部屋を訪ねると、彼はすでに書類の山に囲まれながら、ベッドで仕事を始めていた。片時も休むことはなく、毎日のように面会予約者のリストを渡された。いつ誰と会うのか、何を着るのか把握しておかねばならなかったからだ。

朝型であろうと夜型であろうと、一〇〇年前の家事使用人の勤務時間は現代と比べると総じて長かった。とはいえ、執事や家令などの最上級の使用人は、それでもほかのスタッフよりはまだ、ほんの少しだけ朝寝ができたということができる。下っ端のボーイが執事の部屋まで起こしにくることになっていたからだ。そのときまでにこの少年たちは、レンジの火を起こすなど、朝一番の仕事をすでにすませていることを期待されていた。

執事の本分、大邸宅のワインセラー

第1章で見てきたように、執事《バトラー》の起源は、中世の貴族の館におけるワインやビールの管理者であった。一九世紀や二〇世紀になって、人事・経理といった家令の重責が執事のもとに降りてきても、酒類とのかかわりは続いていた。執事はどのワインがどれだけ消費されたかをセラーブックに細かく記録し、足りないものを確認し、定期的に主人の検査を受けていた。

貴族や大地主のセラーには、驚くべき量の酒類が貯蔵されていた。たとえば一九世紀の初め、英国北部のリーズ郊外に建つ伯爵邸「ハーウッド・ハウス」には、ポートワインとシェリーがそれぞれ二〇〇〇本以上、マデイラ、カルカベラと呼ばれる種類のワインが一〇〇〇本ずつあったという。セラーブックにはほかにも、ブランデー、ラムやシャンパン、その他あらゆる産地の赤ワイン、白ワインが記録されている。個人の家の倉庫とは思えないほどの数だ。そこはもはや私生活の場ではなく、パーティールームの集合体のようなものだったのかもしれない。

見栄っ張りの紳士「このロマネコンティ、ちょっと濁ってるぞ。高いのに」新しい執事「問題はございませんよ。先日、わたくしが一本空けて確かめましたら、たしかに一級品でした」テイスティングしすぎ。『パンチ』1891年10月10日。

　大邸宅のワインセラーは、たいてい地下に設置されていた。石造りで夏でもひんやりと涼しく、ワインのボトルを洗うためのシンクなども装備されている。執事たちはここで、樽《たる》で納品されたワインを瓶に詰めかえたり、日常に供するワインを漉《こ》してデカンタしたりといった作業を行っていた。

　この巨大なセラーとは別にもうひとつ、「執事のセラー」と呼ばれる小規模な倉庫が併設されている家もある。メインのセラーは主人が管理を行い、近いうちに使う予定のあるワインだけを必要に応じて取り出して、執事の管理下に移すという方式である。主人の立場としては、大事なワインを経験の浅い執事にだめにされたり、酒好きの使用人に勝手に消費されるような事態は避けたいという思いがある。『使用人の実用的ガイド』の記述によれば、一九世紀の後半には、セラーの鍵を全面的に執事に預けてしまう雇用主は少なかったようである。

　一方で、セラーは執事の領域であるべきとして、自分は足を踏み入れようとはしない雇い主も確かにいた。主人と執事が協力し合って、セラーの充実をめざした例もある。一九三〇年代、執事兼従者として働いていたチャールズ・ディーンは、ワインに造詣《ぞうけい》が深い主人から知識を学び、一緒にテイスティングを繰り返して、ワインと料理の組み合わせを探究したという。セラーの取り扱い方には、主人の酒に対する考え方が色濃く反映されていたのである。

磨く、磨く、ひたすら磨く

ワインにまつわる作業と同じように、外部の目にはふれないが非常に重要な、執事の日常業務がある。銀器の手入れである。

百貨店「ハロッズ」の1929年のカタログから。「ジョージ王時代風(18～19世紀初頭)」の銀のティー＆コーヒーサービス。重くて高価な盆、ティーポット、クリーム壺、やかんとスタンド、砂糖壺、コーヒーまたは熱湯のポット。

金銀の食器やテーブル飾り、燭台《しょくだい》などは、晩餐会のもてなしの軸となるものだ。この銀器の手入れは「執事の作業室《バトラーズ・パントリー》」でおこなった。フットマンが複数いる大きな家なら、執事は彼らの作業を監督するだけだが、人手が足りなければみずから手を動かすしかない。

作業室にはたいてい、銀器保管専用の金庫、または貴重品戸棚が接続されていた。この部屋は執事の作業室の奥などに配置されていて、執事がいる目の前を通らなければ入れず、通路や屋外からは直接アクセスできないようにしてあった。使うたびにこの保管庫から出し、使い終われば、洗って磨いて、戻して厳重に鍵をかけた。

なお、階上の食卓では銀器とともに高価な陶磁器も使われたが、こちらはハウスキーパーと女性使用人の管轄となった。

銀磨き用パウダーの広告。おそらくヴィクトリア時代のもの。

アーネスト・キングは、一九〇八年、ホールボーイになって初めての朝、銀器を磨く方法を教わったときのことをよく覚えている。使うのは「ルージュ」。これは「貴金属研磨用のべんがら《ジュエラーズ・ルージュ》」のことで、酸化鉄の粉末である。

先輩フットマンのお手本にしたがって、ルージュの粉を皿にとり、アンモニアと混ぜる。ペースト状になったところへ指を浸し、銀器にこすりつけていった。彼はこの作業を「使用人の仕事のなかでいちばんつらいものだった」と考えている。強くこすると指がひどく痛み、水ぶくれができた。

「けれど、あの当時のボーイたちは、泣き言を言っても、ただ慣れるまでやれと返されるだけだった。やるしかない。するとそのうち水ぶくれは潰れ、痛くても続けているうちに〈銀器の手《プレート・ハンド》〉が完成する。ここまでくれば水ぶくれはもう二度とできない。その昔、フットマンの手は、この仕事のせいで板のように硬くなっていた」

銀器磨きによって硬くなった手を「銀器の手」と呼んだのである。初めはつらかったものの、やがて彼は銀器を磨くことに魅了され、文字どおり技術を磨き込んでいく。

女主人（新しい執事に）「ちょっとジェイムズ、きょうの午後に作業室で見つけたのだけれど、この鉢、欠けてるし割れているわよ」執事「犯人はわたくしではありません。わたくしなら欠きも割りもいたしません。ええ跡形もなく粉々にしますから」『パンチ』1912年10月30日。

仕事の成果は彼の手を離れ、やがて出世のチャンスを呼び込んだ。相手は、人妻に恋して王位を捨てたことで知られるウィンザー公（＊元エドワード八世）である。公はアーネスト・キングが働いていた家で出てきた銀器に感心し、そこの執事がフリーになったと聞いてスカウトしたのだ。

彼が到着してすぐ、ウィンザー公は「お前が私のもとに来てくれて、とても嬉しいよ、キング」と、意中の執事を手に入れた喜びを表明した。まるでガラスの靴のかわりに銀器がつなぐシンデレラ物語である。

アーネスト・キングは靴磨きにも密かなプライドを持っていた。富豪のヒル氏に仕

イタズラな少年「ねえおじさん、下から二番目のベルを四回引いてみて！」耳の遠い老紳士「どれどれ」……やがて、1階に住む老婦人が怒って飛び出してくる。共同住宅（フラット）前でのひとこま。『パンチ』1882年7月22日。

真っ白な髪のフットマンが出てきたのを見て、髪おしろいを知らないアメリカ紳士が「ずいぶん苦労してるようだな？」若白髪ができるくらいに？『パンチ』1883年7月28日。

えていたとき、いきなり主人が滞在中の女性客を呼び集め、自分のはいている靴を見せびらかしたことがある。「ほらほら、ようく見ろ、すごいだろう。これこそが靴磨きってもんだ。これだよ！」世の雇い主は、日常の小さな仕事まで褒めることはあまりない。だからこそ、使用人にとって、自分の仕事の真価を理解し、感謝されることは重要なのだ。

何かを磨く作業は果てしなく続く。いくらぴかぴかにしても、ひとたび使われればまたすぐに汚れてしまう。つらいし、痛いし、なかなかきつい。けれど、目の前の仕事に一心不乱に取り組んで、完璧に仕上げたときの満足感は、日々を乗り切る糧《かて》になったことだろう。たまに主人に褒められたことは、繰り返し自伝に書かずにいられない。食卓を飾る銀器の輝きの裏には、執事たちの仕事に対する愛憎が込められていた。

「階下の入り口」をめぐる回想

元家事使用人の話によく出てくる逸話がある。使用人専用の通用口に関するほろ苦い思い出だ。

英国の古い建物は正面玄関と通用口がはっきり分かれているのが一般的で、家族の客は正面を、執事やメイドや届け物にきた商人などは通用口を使った。この、文字どおり「下位」の出入り口は、タウンハウスの場合なら、正面脇の外階段を降りていった半地下か、構造によっては裏通り側にある。カントリーハウスなら、植え込みや石造りのアーチをくぐった先の、目立たない奥のほうにある。「出入りの商人はこちら」というプレートがかかげてあったり、呼び出しベルが紳士淑女用とその他用の二つあったりする。

神学校のページボーイになるためにやってきたフレデリック・ゴースト少年は、このシステムに戸惑った。幅の広い階段をのぼり、正面玄関の扉の前に立って、大きな錬鉄《れんてつ》製のドアノッカーを引く。すると、「まるでミヤマガラスの群れが樫の森から飛び立つときのような」ものすごい音がひびいた。

「ドアがすばやく開いて、背の高い男が出てきた。銀色の髪に赤ら顔で、黒い服を着ている。

『で、お前は誰だね？』と彼は言った。

『フレディ・ゴーストです。新しいページ

女子友愛協会の後援者であるレディが、メイドの慰問に訪ねてきたのだが、ページボーイが「どうぞ通用口へおまわりください！」友愛協会は1875年に設立された、英国国教会系の慈善団体。『パンチ』1896年5月2日。

すばやすぎるフットマン（オリンピックの短距離走選手候補）がお客様を大幅に追い越して「ジェンキンズ様でございます、奥様」とアナウンス。『パンチ』1913年11月19日。

ボーイの』
『ああそうか、そうらしい。それじゃ、ぐるっと裏へ回りなさい。お前の使う入り口はそっちだ。通用口から入らなきゃいかんのだよ！』」

フレデリックは「初めての職場を見てからまだ五分もたたないうちに、早くもひとつめの間違いを犯してしまった」と感じた。通用口の区分をめぐる体験は、使用人に自分のおかれた立場を自覚させる最初の儀式となった。

ちなみに、英国の家事使用人の世界をモチーフにした映像作品においては、ストーリーのごく最初のほうに、このような通用口をめぐるやりとりを入れてあることが多いようだ。一九七一年の「階上・階下《アップステアーズ・ダウンステアーズ》」、二〇〇一年の「ゴスフォード・パーク」も踏襲《とうしゅう》しており、古典的表現と呼んでもいいだろう。視点となる登場人物が受ける最初のショックをとおして、視聴者は、主人たちの住む「階上」と、使用人たちの暮らす「階下」のへだたりを受け止めることができるのだ。

チャールズ・ディーンが語る通用口の思い出は、映画やドラマよりもひねりがきいている。事件は、彼が初めてアスター家のタウンハウスにやってきたときに起きた。


「私は正面玄関までの階段をのぼり、ドアベルを鳴らしました。すると、お仕着せ姿のあかぬけた若いフットマンが出てきました。私は、執事のミスター・リーを呼んでくれるよう頼みました。

『あなたは下級執事の職に応募してきた人でしょう』と彼は物柔らかに言います。

『そうです』と私は答えました。

『では、通用口のほうにお回りいただけますか。空堀《エアリア》を降りて、そこにあるベルを鳴らしてください。こちらのドアはアスター卿夫妻とそのお客様専用です』

私は一フィート（＊三〇・五センチメートル）ばかり身長の縮む思いをしながら、言われたとおりにしました。すると驚いたことに、下のドアを開けて現れたのは、さっきと同じフットマンだったのです。満面の笑みをたたえています。

『ずっと長いこと、これを言えるときを楽しみにしていたんだ』と彼は言います。

『俺がこの仕事を始めたとき、同じことをやらかして、今みたいな歓迎を受けたものでね』

この男は、あとでわかったことですが、ゴードン・グリメットで、彼と私は生涯の親友になりました」

来客の案内

フレデリック・ゴーストとチャールズ・ディーンは、ドアが開いた瞬間、即座に身分を見抜かれ、ふさわしい通用口へ行くよう告げられた。これは、迎える立場からすれば当然の行為であって、彼ら本来の仕事をしたにすぎない。フットマンや執事、パーラーメイドなど、接客当番のスタッフは、相手の外見から素性を判断し、紳士・淑女とそうでない人に仕分けることを求められたのだ。

執事（右端）が朗々とアナウンスする。「コーエン夫人でございます」興味津々のほかの客たち。『パンチ』1894年3月17日。

来客への対応は厳密には三種類に分かれた。まず、前述のとおり、使用人が対処する相手は通用口へ回らせる。同じ出入りの業者でも、奥様・旦那様が直接会って話す「ビジネスの相手」は、ホールで待たせて主人の意向を聞きに行く。身分のある「お客様」は、主人たちのいるプライベートな部屋に直接案内するか、応接間に通していったん待たせる。

客を先導して、奥様や主人の部屋にはいるとき、執事たちは「アナウンス」を行った。このとき、相手の身分によって案内の言葉を変えなければならなかった。

私的な社交の相手は、それぞれふさわしい敬称で呼んだ。王族と公爵夫妻は、「ヒズ・ロイヤル・ハイネス、プリンス・フィリップ」「ロンドン公爵夫妻でございます」などと、正式な位階をつけて呼ぶ。それ以外の、侯爵以下の貴族や庶民の場合は、その人が「何爵」なのかなどは名言せず、ただ「ロード」「レディ」「ミスター」「ミス」などの敬称をつけて呼ぶ。

ビジネスの相手は、名刺を取り次いだ場合なら「奥様にお会いしたい〈人間《ア・パーソン》〉』が来ております」などと告げ、名前を呼ぶ必要もない。

ここで取り次ぎの仕方を間違えてしまうのは「大変な非礼」である、と使用人手引書の類は強調している。しかし、そういうからにはおそらく手違いは起こりがちだったのである。

みすぼらしい公爵との遭遇

一八七二年生まれで、ヴィクトリア女王

時の首相アスキス扮する執事が、贈り物を持ってきたファーザー・クリスマス（英国のサンタクロースにあたる）の名刺を疑わしげに見たあげく、「留守でございます」と門前払いしてしまう。『パンチ』1908年12月23日。

の娘ルイーズ王女に家令として仕えたジョン・ジェイムズは、カンパーダウン伯爵夫人の第一フットマンだった若い頃、ひどくきまりのわるい目にあっている。

「ある朝、とても愛想のよい年配の紳士がやってきて、ちょっとの時間、伯爵夫人とお会いできないかと訊ねた。彼はきれいにひげをそっていて、服装はあまりこぎれいではなかった。私は彼を、たぶんどこかの執事だろうと思い、ホールで座って待つように言った。伯爵夫人に伝えようと、名前を聞いたところ、彼は言った。

『私の名刺を持っていきなさい』

階上の部屋にあがりつつ、その名刺を読んだところ、あまりのショックで死にそうになった。私は恐れ多くもウェストミンスター公爵に無礼を働いてしまったのだ。あのようにみすぼらしい姿が許されるほどの人間というのは、非常に少ない。私の経験からいうと、地位が高まれば高まるほど、自然体でふるまうようになるし、取るに足りないつまらない人ほど大仰に装わねばならぬものだ。実際、紳士のなかの紳士であるはずの方が、まったく紳士らしくない見かけをしている、というのはよくある話だ」

リラックスした装いですごす三代レスター伯爵（1848〜1941）。アイロンもかかっていなさそうなよれよれのシャツに、つぎはぎだらけの着古したスーツ。

フレデリック・ゴーストにも同様の失敗がある。ハワード卿夫人の第一フットマンをしていたときのこと、「おかしな灰色の散歩着とスポーツ用のキャップを身につけた」やせぎすで背の低い紳士が徒歩で訪ねてきた。競馬の騎手か出入りの商人のように見えたので、「どなたをお訪ねですか？ どちらさまで？」とフレデリックは単刀直入に聞いた。しかし、それは主人のいとこのノーフォーク公爵だったのだ。赤面しながら「どうぞこちらへ、公爵閣下《ユア・グレース》」と案内したという。

最上位の貴族である公爵家の当主たちは、身だしなみについて世間の目を気にする必要がない。というよりむしろ、領地での生活を愛する「田舎紳士《カントリー・ジェントルマン》」らしく装うことに誇りを持っていたふしがある。都会勤めに慣れたフットマンには、見極めが難しかったことだろう。

邸宅「グッドウッド・ハウス」の食卓。パイナップルや葡萄、銀のロウソク立てなどが白いクロスの上を飾っている。1897年。

食卓を飾る花と果物

執事とフットマンが苦心して磨いた金や銀の食器が活躍するときといえば、なんといっても晩餐会である。上昇志向を持つ雇い主にとって、晩餐会を成功させることは、一流の世界への「パスポート」となる。その評判が、女主人の社交界での評価に直結するからだ。上流の人びとも、仲間の評判は気になるもので、常に新しい趣向を探し求めていた。

銀器とグラスを執事から、陶磁器とテーブルクロスやナプキンはハウスキーパーから、それぞれ必要なだけ保管庫から出してもらったフットマンたちは、晩餐室のテーブルをセッティングした。粗いベーズのクロスを敷いた上に、真っ白なダマスク織りのクロスをかける。そして、ナプキンは折り紙のように華やかに畳んで、それぞれの席に並べた。「主教の冠型」がスタンダードであったようだ。

テーブルの上には、色とりどりの花やシダ、ツタ、フルーツを飾る。パイナップルは伝統的に贅沢なもてなしの象徴とみなされていたが、自家の果樹園や温室で、庭師たちが丹精込めて育てたブドウや桃などを、その家の名物として供することも多かった。

フラワーアレンジメントは、ガーデンの花を持ってきた庭師が手がけるか、生花の納入業者が装飾もするか、規模の小さな家では女主人や娘、執事がおこなうこともあった。フレデリック・ゴーストによれば、ポートランド公爵家では、「本来の職責をこえる」異例なことながら、フルーツの飾り付けはハウスメイド頭が担当していたという。

執事はフットマンの仕上げたテーブルをチェックし、料理の進みぐあいも把握し、予定の時間に間に合うようすべての準備をととのえた。

「晩餐の支度がととのいました！」

接客係の使用人たちは、晩餐会にやってきた客を、ひとまず応接間に誘導した。大

晩餐室に入ってゆく先頭は、招待側の主人と、ゲストのなかでもっとも身分の高い女性。列のしんがりを、女主人と身分の高い男性が占める。ドアの側には執事。『パンチ』1878年12月28日。

ロンドン社交期、大混雑のパーティー。踊り場に開催者のレディが立ち、客を迎えている。踊り場の右奥には、「アナウンス」をおこなう使用人が影のように立っている。『ロンドン暮らし』（1902年）より。

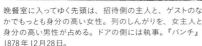

規模なパーティーでは、執事が階段の上に立ち、到着した客の名を高らかにアナウンスする。そして応接間では、残りの客がそろうまで、しばし歓談が繰り広げられた。主人はここで男性客に、エスコートするべき相手の女性客をさりげなく伝えておいた。

　キッチンの用意ができて、予定の時間になったら、執事はドアを大きく開きながら「晩餐の支度がととのいました」とよく通る声で宣言する。すると家の主人は、ゲストのなかでもっとも地位の高い女性に右腕を差し出し、もっとも高位の男性客は家の女主人に腕を差し出す。それぞれ男性が女性をエスコートして晩餐室に向かってゆく。地位の順に男女が列をなして続いた。もちろん女主人は、来客の地位の微妙な上下関係も、分厚い『バークの貴族名鑑』などを参照して事前に把握していたはずだ。

　晩餐室でも、地位にしたがって男女交互に席を占める。テーブルの端と端に主人と女主人が座り、男性たちは連れてきた女性を自分の右の席に座らせる。夫婦や血縁者は隣り合って座らないのが慣わしだった。

　晩餐が始まると、フットマンたちが盆を手にしずしずと入場し、もっとも地位の高い女性客から、時計回りに皿を出す。執事は給仕の進行に目を配りつつ、ワインを注いでまわった。晩餐室のサイドボードで肉料理を切り分ける作業を担当することもあった。

　晩餐会の料理は、七から一一もの料理で構成されていた。スープ、魚料理、アントレー（＊英国で魚料理と肉料理のあいだに出す軽い料理）、メインの肉料理、猟鳥獣肉《ゲーム》。料理に合わせたワインとともに、給仕は進んでいく。そして食後のチーズと甘味《スイーツ》、アイス、フルーツを出すとき、テーブルの上は綺麗に掃き清められた。

　甘味が済むと、女主人の合図で女性は全員席を立ち、男性をその場に残して応接間に引き揚げる。これはヨーロッパとは異なる英国風の慣習だった。使用人もここで部屋を出ていく。男性たちはホストのまわりに固まって、自分たちだけでポートワインと煙草をたしなみ、女性の前ではできない政治やスポーツ、あるいは秘密の話に興じた。やがて、ほどよいところで応接間の女性たちと合流する。こちらの部屋には使用人が詰めていて、お茶やコーヒーを配っていた。

晩餐室に到着。主人は入り口に近いほう、女主人は部屋の奥の、テーブルの短い辺を占める。組になってきた女性は男性の右側にそれぞれ座る。『パンチ』1882年12月23日。

晩餐のあと、ポートワインとコーヒーと葉巻で男同士のひととき。『パンチ』1883年2月24日。

ゲストが帰る段になると、フットマンや執事が「誰某氏の馬車がご用意できました」と呼びだす。馬車まで誘導し、すべてのゲストを送り出す。片付けや戸締まりをして、深夜遅くに、ようやく屋内使用人の長い一日は終わるのだ。

フットマンが「レディ・グリッターの馬車のご用意ができました！」と案内すると、家のご令息が、帰ろうとするレディを馬車までエスコートする。『パンチ』1887年5月14日。

管理職としての執事

映画「ゴスフォード・パーク」のテクニカル・アドバイザーを務めた元執事のアーサー・インチは、使用人の人生に生まれついたようなものであった。彼の父親も、一八九〇年から一九三四年まで執事として働いていたのである。父は息子に、小さな冊子を手渡した。そこには執事という仕事の本質が表れている。

「小さな家の執事は、フットマンのように、多くの仕事をこなさなければならない。大きな家ならふつう執事の領域とみなされないようなことまでやらざるをえないのだ。しかし、どのような世帯であっても、統治することが彼の仕事である。大きな家ではとくに、確かな判断力を用いておこなうこの役割が強く求められるだろう。下級使用人の側にとっても、ゆるいマネージメントのもとに置かれることは、快適でもなければ、ましてや幸せでもない」

アスター子爵家の執事エドウィン・リー（左）と、子爵の従者アーサー・ブッシェル（右）。リーは部下の指導でも名高く、「彼に仕事を教われば、それ自体がすばらしい紹介状になった」という。

執事の仕事は、統治すること。それは、ただ部下の仕事の成果をチェックするだけにとどまらない。執事は部下の日常生活に関しても指導をおこない、食時の席では率先して祈りの言葉をとなえるのだ。これは、階上の家族のなかでは、家長である主人の役割だった。逆に言えば、執事は階下における「家長」であり、使用人たちの「厳しい父親」の役目を求められたということである。

父から息子へと受け継がれた冊子のいうとおりに、「どのような世帯であっても」常に父の威光が行きわたっていたかどうかは、疑問が残る。「下の者にやさしすぎる」と主人からクレームをつけられる執事もいれば、保身に走り、部下の状況にまったく関心を払わない執事もいたからである。

それに、若い男子たるもの、たとえ厳格な執事のいる家に入って、規律への服従をもとめられることになったとしても、ちょっとした隙を盗んでは喜びを求めていたのだ。反対に、そんな年頃のフットマンの行動を統制することを求められて苦労した執事の発言も残っている。続く章では、男性使用人の私生活について探っていこう。

column

神話と化す失敗談

文化人に囲まれるのが好きなレディ。それにしても胸の谷間が気になる。話の邪魔をしないよう、給仕はそっと背後から。『パンチ』1893年5月27日。

＊アルバート・トーマス
19世紀末から、ホテルのウェイターやマネージャー、紳士のクラブ、大学寮の執事として働く。個人宅の執事の経験もあるが、盗みを疑われたりアイルランドの城でIRAともめたりと、あまり良い思い出がないようだ。回想録『成り行きをごらん(Wait & See)』(1944)。

熱々のポテトと谷間をめぐる逸話

執事やメイドの回想録には、通用口をめぐる逸話と同様に、繰り返し現れる定番の失敗談がある。たとえば、何かを満載にした銀の盆を運んでいるとき、手が震えて全部ぶちまけてしまう、というのはその代表だ。落とすのは高価なティーセットや朝食セットであったり、お酢やオイルやスパイスその他もろもろであったりする。熱い食べ物や熱湯の場合は、たいてい給仕される側を巻き込んで大惨事に発展する。さらにいうと、女性の「胸の谷間」が関係してくることが非常に多いのだ。

アルバート・トーマス*は、一九世紀のあるとき、ワイト島のカウズでホテルのウェイターをしていた。この島には王室の別荘があり、ヴィクトリア女王の馬車が通りかかることがあった。女王は必ず、往来から人が消える夕食の時間に移動していたという。

ある夕食の席で、バターとパセリをまぶした熱いポテトを配っていた彼は、窓の外に女王の馬車の先触れとなる騎馬を目撃した。

「『女王陛下だ!』という叫びがあがった。私はほんのちょっとのあいだ、窓の外に目を向けた。すると、持っていたスプーンが傾き、ポテトが二つ、マダム・スノッブの深いドレスの胸元に転がり込んだ。ポテトは熱くてバターまみれで、つるつる滑る。私は皿をテーブルに降ろして、この冒険精神に満ちたイモのやつを捕まえようとした。けれど不運にもイモは私の指先に当たり、拾うどころかもっと奥まで押し込んでしまう。彼女は押し殺した叫びを上げて跳ねるように立ち上がり、どうにか平静を保ちながら部屋を出て行った」

「マダム・スノッブ」とは、おそらく仮名だろう。アルバート・トーマスが以前に仕えていた成金の女性で、彼に銀のフォークとスプーンを紛失した罪を負わせ、解雇したという因縁があった。その後、ホテルのウェイターと客として再会することになったのだ。期せずして熱々のポテトを谷間にお見舞いし、意趣返しが果たされることになったわけである。

国王の面前でも

一九八四年に出版されたジョージ・スリングスビーの伝記では、事件はエドワード七世を迎えた公爵家の晩餐会で起きている。途中まではアルバートの失敗談とほぼ同じだが、「落ち」の部分がすこし違う。

ジョージによれば、エドワード時代の晩餐用ドレスは、ネックラインが相当に深かった。フットマンは、女性の胸から目をそむけなが

臨時雇いのウェイターが、おもしろい話を披露する客に耳打ち。「笑わせないでくださいな、ぜんぶこぼしてしまいます」給仕の使用人は、本来なら宴席の人びとに話しかけてはいけないし、会話は聞いていないフリをしなければならない。『パンチ』1890年12月13日。

ロンドン社交期の公園を馬車で移動するエドワード七世とアレクサンドラ王妃。社交界から身を退いていた母親のヴィクトリア女王より、息子の彼の方が派手好きだった。『ロンドン暮らし』(1902年)より。

ら給仕をするように指導されていたという。

ある宴席でのこと。第一、第二フットマンと一緒に、ジョージは第三フットマンとして給仕をおこなっていた。二人のレディがエドワード七世をはさんで座り、王の関心をひこうと競い合っている。

「レディがほかのことに気をとられ、フットマンが目をそらしていれば、大事故がおきるのは時間の問題というものだった。第二フットマンが支える皿から、問題のレディが野菜をとろうとしたとき、彼女は全身の注意を王に向けていた。と、皿に強い力がかかって、フットマンの握っている取っ手が滑り落ちそうになった。反射的に強く握り直したところ、皿は大きく跳ねあがる。勢いで、小さくて熱々のポテトが宙を飛び、レディのドレスの前面に一直線に落ちていった。あまりの熱さに彼女は悲鳴をあげる。テーブルの全員がいっせいに振り返った。後先を考える余裕もないまま、第二フットマンは彼女の胸の谷間に腕を突っ込み、熱々のポテトを取り出した。

晩餐室に静寂がおりる。第三フットマンだったジョージは、自分の吐く息の音さえ聞き取れるほどだった。その場の誰もが、恐怖と疑惑の入り混じった表情を浮かべていた。ただ顔を真っ赤にした第二フットマンだけが、処刑人の斧が振り下ろされる瞬間を待っている。レディがひどい火傷をするのは防げたのかもしれない。とはいえ、許しがたい勝手な振る舞いをしたのは確かだ。やがて、王が笑い出し、緊張が一気にほぐれる。王が笑えばレディも笑う。ほどなく晩餐室は爆笑の渦につつまれた」

一九六八年のマーガレット・パウエル、一九七六年のロジーナ・ハリソンの本にも、登場人物と細部は違うものの、ほぼ同じパターンのエピソードが含まれる。折々に味付けを加えながら繰り返し語られる失敗談は、昔話の『シンデレラ』や『赤ずきん』が、シャルル・ペローとグリム兄弟の再話によって、それぞれ違う物語にまとまったことを思わせる。

読んだ話や聞いた話と自分の体験が混ざって、記憶の上書きが起こったのかもしれない。ここらでちょっと笑える話をいれておこうというサービス精神で、話をおおげさにしたのかもしれない。あるいはほんとうによくある事故だったのかもしれない。熱々のイモと豊満な谷間にまつわる伝説が、家事使用人をしていた人びとのあいだで共有される記憶のようなものとしてあって、語り手をとおしてそれぞれの物語に変化したのかもしれない。そう想像すると少し楽しい。

使用人通路に設置された、戸棚から引き出し式のホールボーイ用ベッド。床に置かれているのは夜用の便器。スコットランドの邸宅「マンダーストン」に再現されたもの。

ノッティンガムの邸宅「ラフォード・アビー」の使用人ホール、1899年頃。中世の昔には修道院だった面影を残す地下の部屋。

第5章

執事の生活

簡易ベッドの暮らし

「あの当時は、いまのように精巧な盗難警報器などありませんでした。そんなもの必要ないと考えられていたんです。家内の仕事もやらせることができる人間警報器を年二六ポンドで雇えるんですからね。

私はこの警報器になりました。自分の部屋はありません。作業室《パントリー》で眠ったんです。戸棚から引き出す折りたたみ式のベッドがあって、下ろすと金庫の扉をふさぐ形になりました。これは、もし泥棒するつもりの人間が来ても、寝ている私の喉笛《のどぶえ》をかっ切らなければ金庫にはさわれないということです。つまり私は、家の人間になんらかの警告を伝えることを期待されていたというわけです。自分の命が尽きる前にね」

一九三〇年代、ホールボーイ兼フットマンとしてロンドンの貴族の家にはいったときのジョージ・ワシントンの居住環境である。ホールボーイやフットマン、ときには執事や下級執事に、金庫をふさぐように置かれた折りたたみベッドを与える家は少なくなかった。

ジョージ・ワシントンはどうやらひとりで泥棒の番をさせられるはめになったようだが、下級の男性使用人たちは、複数人で寝室を共有するのがあたりまえだった。たとえばゴードン・グリメットは、一九一五年に「ロングリート」邸のランプボーイになったときには、「ベッドが六つある、小さな寮のような部屋」を、二人の下級フットマン、雑役夫《オッドマン》のひとり、作業室《パントリー》付きボーイ、家令室《スチュワーズ・ルーム》付きボーイと共有していたという。

エリック・ホーンは、簡易ベッドを使う男性使用人の苦労をこのように証言している。

「フットマンは、たいてい使用人ホールの折りたたみベッドで寝なければならなかった。不健康であるのはもちろん、朝食のために集まってくるほかの使用人にとっても不都合なことだった。ひょっとしたらこのフットマンは、前の晩は、舞踏会に出かける馬車に付き添っていたかもしれない。それなのに、ほかの使用人が朝食をとるためにいつもと同じ時間に寝床をあげなければならないのだ」

ポートランド公爵家の本宅であった邸宅「ウェルベック・アビー」。

ライオンが鎮座するウェルベック・アビーのメインゲート。

もちろん夜も、ほかのスタッフが全員、寝たあとでなければ、ベッドを出すことができない。そもそも、たたんで収納できる簡易ベッドというものは、ホールや作業室や廊下など、昼間は別の用途に使われる場所に置かれるものだ。それを使う人は、いちばん最後に寝ていちばん最初に起きることを強いられるのだ。

「メイド付き」から「幽霊憑き」まで

フレデリック・ゴーストの回想によれば、ポートランド公爵家の大邸宅「ウェルベック・アビー」で働く使用人は幸運である。

「ページボーイが私の荷物を運び、邸宅《アビー》の最上階まで案内してくれた。ここで私は、とても快適な部屋をジム・アスキュー（＊同僚のフットマン）とシェアすることになる。

暖炉があるのを見て嬉しくなった。冬も暖かくすごせるだろう。部屋はしみひとつないほどきれいに掃除されていた。フットマンの居住区画を担当するメイドがいるのだ。大きな浴室がひとつあり、フットマン全員で共有した。私たちが、大きな鏡と専用の棚を使って、髪おしろいをつけたので、この部屋は〈ザ・パウダー・ルーム〉と呼ばれていた」

あとに述べるように、女性スタッフと男性スタッフは、お互いの居住区画に立ち入らないのが鉄則であった。しかし掃除は女性にやらせるものということで、そこはルールを曲げる家もあったようである。また、一九〇〇年代において、使用人に専用のバスルームがあったというのも相当に恵まれた環境だろう。キッチンから寝室まで熱湯を運び上げ、持ち運びのできるブリキのバスタブで入るのがおそらく一般的だったからだ。

チャールズ・クーパーは、一八九〇年代にホールボーイになったとき、ご多分に漏れず戸棚に収納できるベッドを支給された。

ヴィクトリア時代のカントリーハウス ランハイドロック

3階

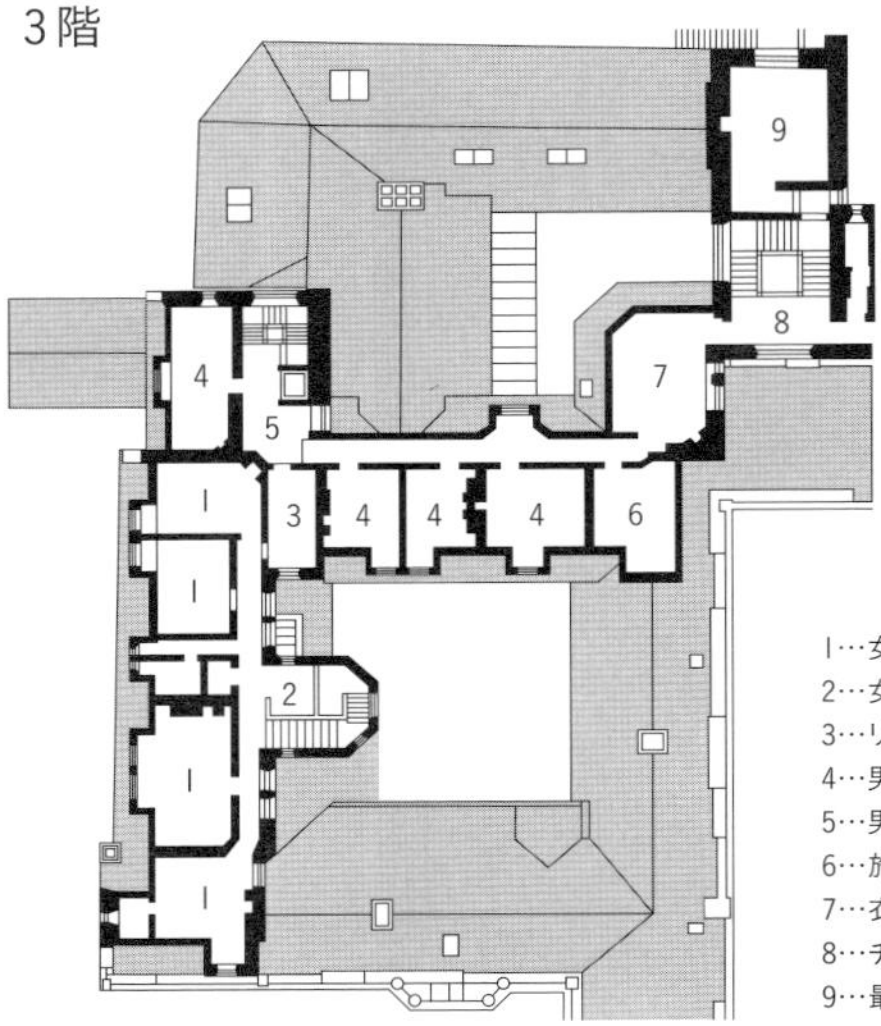

1…女性スタッフの寝室
2…女性用階段
3…リネン室
4…男性スタッフの寝室
5…男性用の石階段
6…旅行鞄室
7…衣裳室
8…チークの寝室用階段
9…最上階の西の寝室

貴族のロバーツ家の本拠地であった大邸宅。ヴィクトリア時代の使用人区画が非常によく保存されており、数多くの見学者を集めている。

「ランハイドロック」邸の1881年の火事を報じる新聞挿絵。キッチンの煙突から火が燃え広がり、北側の一部を残して大きなダメージを負った。『イラストレイテド・ロンドン・ニュース』1881年4月。

2階

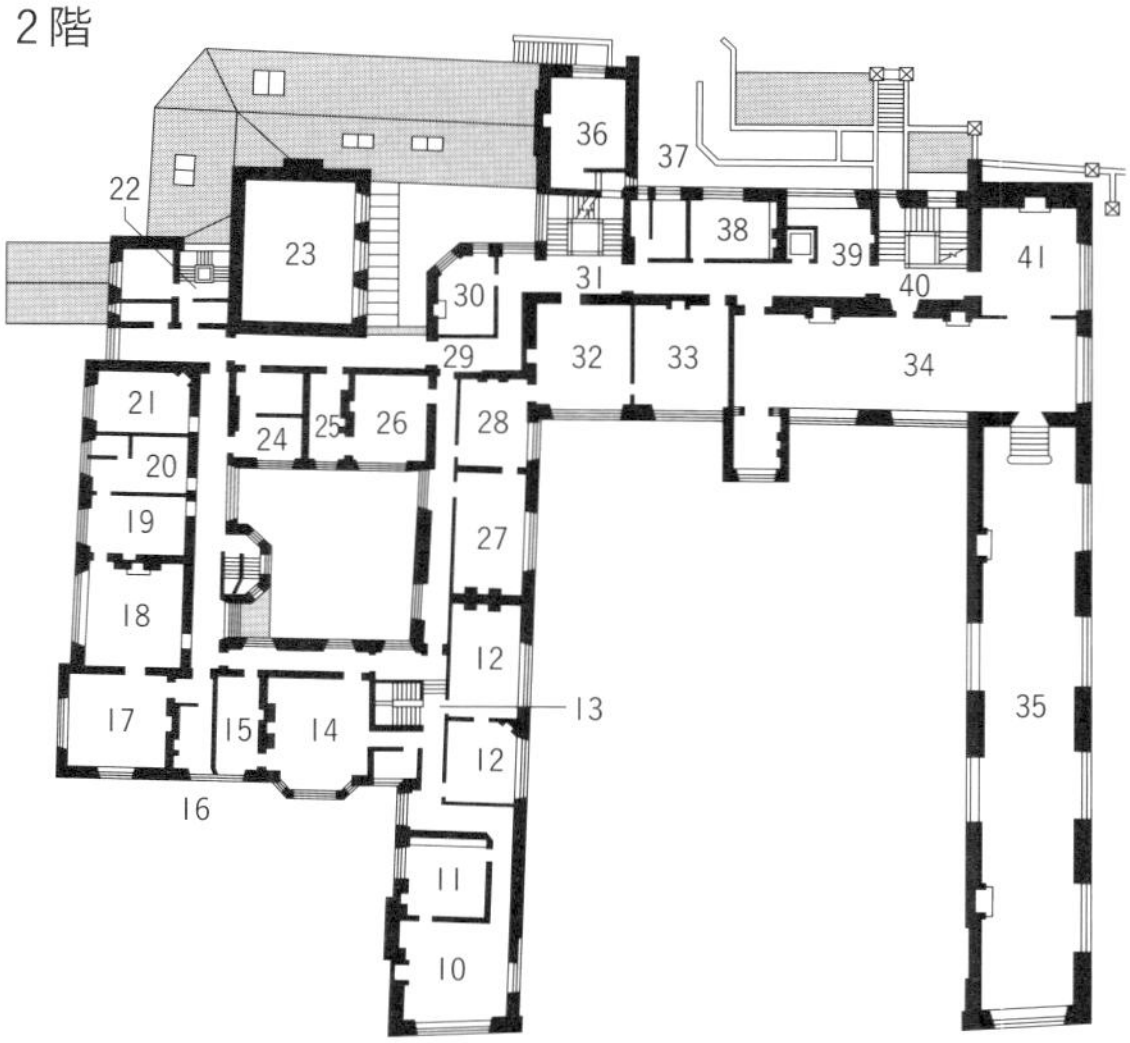

10…東の寝室
11…東の更衣室
12…トミー大尉(子息)の更衣室と寝室
13…子ども部屋の階段
14…出窓の寝室
15…出窓の更衣室
16…子ども部屋用洗い場
17…昼間の子ども部屋
18…子どもの寝室
19…ナニーの部屋
20…子ども部屋の浴室
21…勉強部屋
22…男性用の石階段
23…キッチン上部吹き抜け
24…南中央の寝室
25…北中央更衣室
26…北中央の寝室
27…主人の寝室
28…浴室
29…廊下
30…角の部屋
31…チークの寝室用階段
32…奥様の寝室
33…奥様の私室(ブドワール)
34…応接間
35…ギャラリー
36…上階の西の寝室
37…浴室
38…エヴァ嬢(令嬢)の部屋
39…祈りの部屋
40…樫の階段
41…朝の居間

1階

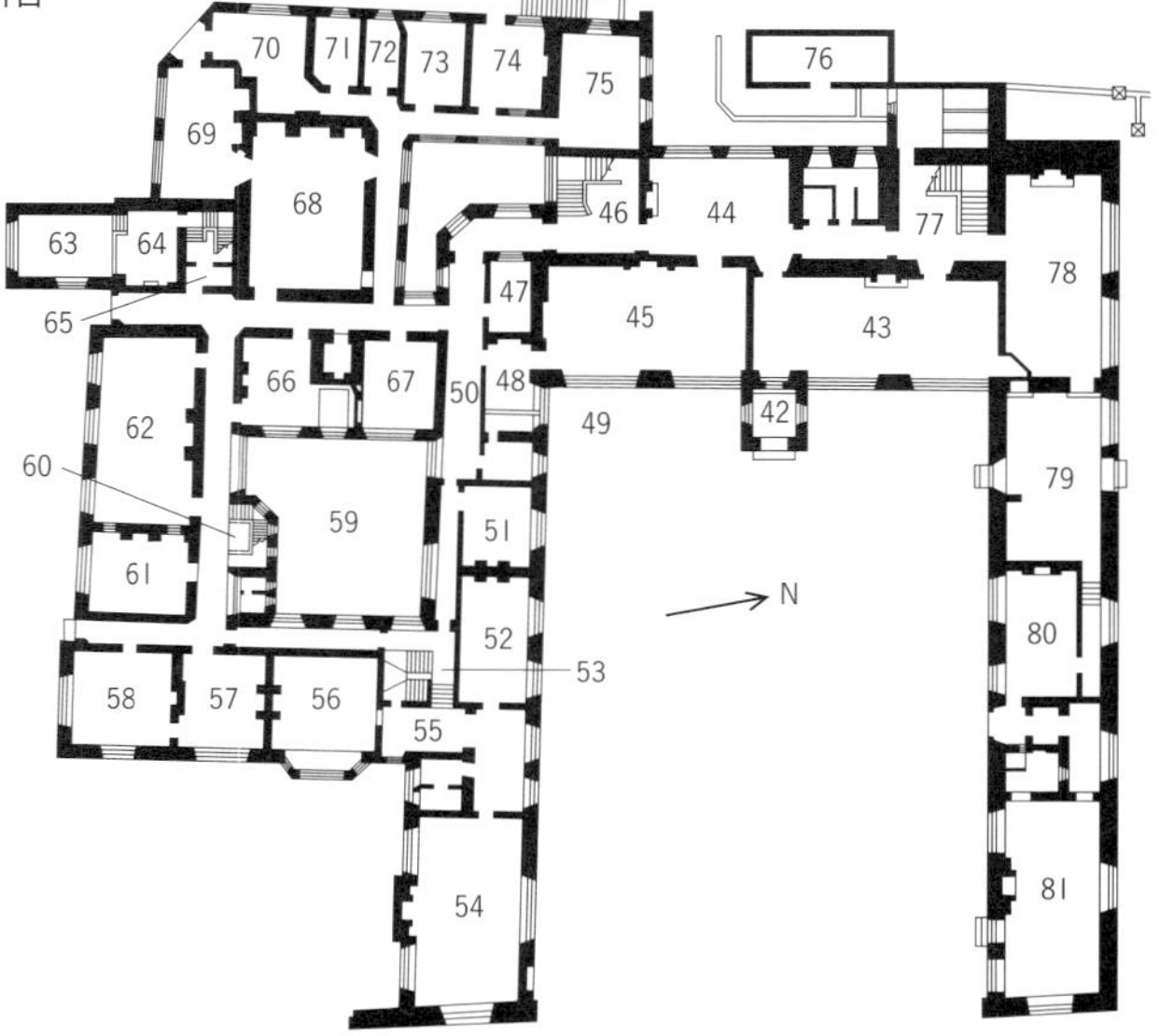

42…ポーチ
43…外側のホール
44…内側のホール
45…晩餐室
46…チークの寝室用階段
47…陶磁器の収納庫
48…配膳室
49…ワインセラー
50…廊下
51…ロバーツ卿夫人の居間
52…家令室
53…子ども部屋の階段
54…ビリヤード・ルーム
55…ロビー
56…喫煙室
57…ハウスメイド室
58…ハウスキーパー室
59…作業室の中庭
60…女性用階段
61…スティルルーム
62…使用人ホール
63…銃器室
64…ランプルーム
65…男性用階段
66…執事の客間
67…執事の作業室
68…キッチン
69…キッチンの洗い場
70…パン焼き室
71…ペイストリー室
72…食品保管室
73…食肉貯蔵室
74…酪農室の洗い場
75…酪農室
76…セラー
77…樫の階段
78…音楽室
79…石造りのホール
80…勉強部屋
81…ロバーツ卿の私室

トレース＝神保由香

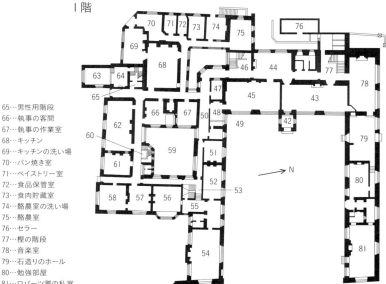

第一フットマンとの相部屋である。しかし実は、この部屋にはもうひとり同居人がいた。「白いドレスを着たレディの幽霊」が出るという噂があったのだ。

「(幽霊は)私のベッドの裏側から出てきて、廊下を歩いていくのだと言われていた。でも私は何も見なかったし、不眠になったりもしなかった。明らかに彼女は、もしくは〈それ〉は、私が無関心なことを悟って、ふんわりと素通りしていったのだろう」

霊感がさっぱりなくて助かった、というところだろう。

寝室はどこに?

フットマンやボーイたちの寝室の位置は、家によってさまざまであったが、なんにしても女性使用人の部屋とは注意深く離されることになった。道徳的な主人たちは、家内で異性の交際が結ばれることを嫌ったからだ。

建物が混み合っているロンドンのタウンハウスでは、使用人区画のスペースもきゅうくつになりがちだ。建物の上の端と下の端、つまり女性使用人は屋根裏、男性使用人は地下に寝室を与えられることが多かった。カントリーハウスの場合は、同じように屋根裏と地下に分けるか、男性だけ別棟の廐舎の上の階に追い出すなどして、接触禁止の対策をとることが多かった。

コーンウォールの邸宅「ランハイドロック」は、一八八一年に大規模な火災に襲われて、最先端の建築思想と技術を駆使して建て直された建物だ。そのため、非常に保存状態のよいヴィクトリア時代末期のカントリーハウスとして、現在でも多くの観光客を集めている。この家では、室内使用人の寝室は最上階の三階に集められていた。しかし、男女の寝室を同じフロアの中で行き来できる通路が存在しない。男女別の階段を使わなければそれぞれの寝室にたどりつけないようになっていたのだ。このように、階段から男女の領域を分ける構造の家で、「間違った階段」を使っているところを目撃されれば、解雇につながった。

上級使用人の部屋

ところで、執事たちの寝室はどこにあったのだろう? 設備のととのった大邸宅では、執事は客間《パーラー》と作業室《パントリー》と寝室がつらなった、ひと続きの部屋《スイート》が与えられていた。従者《ヴァレット》、ハウスキーパー、シェフなども、配置は家によりさまざまだが、仕事用の部屋と個室の寝室を与えられていた。

庭師や猟場番人《ゲームキーパー》など、屋外使用人の部署長たちは、それぞれの仕事場に近い場所にコテージを与えられ、結婚して妻子と住むことも可能だった。

誰に、どこに、どんな部屋を与えるか。一般的な傾向はあったものの、結局は雇い主の胸先三寸といえた。エリック・ホーン

海岸のリゾート地にて。ナース「泳がないの?」フットマンのチャールズ「遠慮しとくよ。後頭部の髪を固めてるもんでな」髪おしろいでセットした髪を乱したくない。『パンチ』1873年8月16日。

が侯爵家の執事兼グルーム・オブ・チェンバーズをしていたときの体験である。
「侯爵が、（狩猟に使う）弾薬をどこにしまっているかと聞いてきたので、私は答えた。『私の寝室に保管しております』『えっ』彼は言う。『弾薬を置くには湿気が多すぎるではないか』
けれど、執事が眠る場所としては湿気が多すぎない、というわけだ。（中略）
執事の寝室は、たいてい空堀《エアリア》のドアのそばにあった。じめじめしていて不衛生で、もし上流階級ではなくほかの家だったら、寝室としては使用に不適と宣告されるような部屋だ。通常、この部屋には貯水槽が置かれていて、絶え間なく水滴がしたたり落ちている。枕のすぐ上に、下水のパイプが走っていて、周期的に汚水が流れてゆく」
使用人の生活環境には、その家の主人が、自分のスタッフをどういう存在だと思っているかが、如実に反映されたのだ。

深夜の集会と枕投げ

ハウスキーパーはメイドたちの、執事はフットマンやボーイの、風紀を守ることに責任を持った。身だしなみをチェックし、異性との接触をいましめ、門限を守らせる。そうはいっても、もちろん若い女の子は恋人に会うため、男も地元パブでのひとときを求めて、規則破りは頻発した。

エリック・ホーンが男爵家で第二フットマンとして働いていた、ある夜のことだ。消灯のあと、下級の男性使用人が連れ立って、守衛部屋《ポーターズ・ロッジ》に行き、トランプ遊びに興じていた。時間を忘れて遊んでいると、裏口を施錠するため、通路を執事が歩いてくるのに気がついた。すみやかにガスの明かりを消して、いっせいに隠れる。

「下級執事《アンダーバトラー》はベッドの下に這い込んだ。彼はちょっと背が低くて肉付きのよい男だった。第一フットマンと私は一緒にベッドに入り、シーツをひっぱりあげて頭からかぶった。下級執事がうめく。『下りろ、下りろ、潰れて死んでしまう』私たち二人の体重でベッドはたわんで、彼の身体を押し潰していたのだ。ほかのメンバーは、戸棚の中などあちこちに散らばって、できるだけ身を隠し、ネズミのように静かにしていた。ドアはひとつしかなく、出た先には執事が立っている。彼はほんの一瞬だけそこにいて、おそらく中に耳をすまし、そして去っていった。もし彼がドアを開けていたらどうなったか、それは神のみぞ知る。さぞかし素敵な眺めだろう。二人のフットマンがお仕着せと髪おしろいをつけたままベッドに入っており、下級執事は白いストッキングをはいた足をベッドの下から突き出しているのだ」

このときはどうにか切りぬけた。けれど、そういつでも都合よくいくわけではない。消灯後、男七人がエリックの部屋に集まってふざけあい、枕投げに発展したことがあった。

「枕爆弾が炸裂して、羽根が部屋中に舞い散ったちょうどそのとき、ドアが開いた。そこには〈はげの悪男爵（＊主人のあだ名）〉が、銀の燭台を手にして立っていたのだ」

翌朝の一〇時、図書室に全員呼び出され、「はげの悪男爵」から裁きがくだされた。下級執事は厳重注意。第一フットマンはクビ。エリックにも注意。下級庭師たちは邸内への立ち入りを禁じられた。執事も管理不行届でこっぴどく叱責を受けたという。

部下の私生活を管理

フットマン時代には仲間と馬鹿騒ぎをしていても、執事に昇進したら周囲とは距離をおき、部下を「統治する」責任を担わされることになる。

執事になり、二人のフットマンを部下に持ったエリック・ホーンは、門限破りは「一回までは許す」ことにしていた。警告のあとも改まらなければ、容赦《ようしゃ》なく鍵をかけて、寒空の下に締め出してしまう。逆恨みで暴力を振るわれそうになったときには、厳しく対処して主人に報告し、解雇のなりゆきとなった。

厳重に戸締まりをおこない、主人の財産を保護するのは、大切な執事の責務である。部下のルール違反のせいでそれが遂行できなければ、無能の烙印《らくいん》を押されて自分の立場があやうくなる。地位が変わって初めて理解したこともあったのだろう。

それにしてもボーイやフットマンは、一〇代前半から二〇代の若者がほとんどである。集まれば馬鹿をやり、反逆の心を燃やし、無駄な努力に心血をそそいだりもする。

ジョージ・ワシントンはフットマン時代、厳しい執事の監視をのがれるために一計を案じた。

「執事はまったくくずる賢くて嫌な奴でした。執事の事務室は正面玄関の近くにありました。彼は、そこから作業室に移動するとき、私たちが足音を聞いて身構えることに、気づいていたんです。そこで時折、ブーツを脱いで、ストッキングだけの足でそっと歩いてきました。私たちが何か悪さをしようとしているんじゃないかと予想して。おそらく、それを望んでさえいたのじゃないかと思います。でも、しばらくのあいだ、彼の目を逃れることに成功したんです。事務室の外にしいてあったラグの下に、はがれかけているタイルが一枚ありました。私はそこから作業室までワイヤをつなげ、彼が部屋を出たらすぐさまベルが鳴って警告してくれるようにしたんです。あの仕掛けが

20世紀の初頭に、一大卓球ブームがあった。階下でも、フライパンと果物で卓球ごっこ?『パンチ』1901年11月13日。

メイドの寝室を見て「これはじめじめしすぎてやせんかね? 壁を水がつたっておるぞ」という紳士に「使用人が使うのにはじめじめしていませんわ」とレディが応える。エリック・ホーンの受けた使用人への仕打ちは、半世紀前から変わっていなかった?『パンチ』1865年7月8日。

オックスフォードシャーに建つノーブル夫人の邸宅「パーク・プレイス」の使用人たち。フットマンらしき男が少なくとも三人、厩舎スタッフの姿も数名見える。かなり大規模な編成だ。執事はこうした若者たちをまとめあげる役割を担う。1903年頃の写真。

女主人「晩餐で主人がおもしろいことを言っても、話に加わって笑ったりしてはいけませんよ」新しい執事「そのとおりでございますよね、奥様。旦那様の話を使用人ホールで全部してやりましたら、仲間からもそう言われましたよ」階上の話は下に筒抜け、階下は階下で楽しんでいる。『パンチ』1922年4月12日。

ばれた日のことを思うと、いまだにお尻が痛みます」

文字どおり猫に鈴をつけてみたが、調子に乗ったらあっさり返り討ちにあった、というところであろうか。

食事の席の儀礼

食事の席も、男女ごと、仕事のグループごと、そしてランクごとに分けられていた。途中まではひとつの部屋に集合して食べるが、デザートはいくつかの集団に分かれてとる家も多かった。

アーネスト・キングは、一九〇〇年代の初めにホールボーイとして邸宅づとめを始めた。スタッフの食事の時間の五分前に、ベルを鳴らして知らせるのは彼の仕事だった。時間が過ぎるとドアは閉められて、上級の使用人が部屋を去るまでは何人たりとも入れない。全員が着席すると、執事が立ち上がって食前の祈りをとなえる。

「私たちは沈黙のなかで食事をした。使用人頭《ヘッド＝サーヴァント》たちがメインディッシュを食べ終わったら、すぐさまほかの人も全員、ナイフとフォークを置き、執事はまた立って食後の祈りをとなえる。それから私がドアを開けると、使用人頭たち――つまり執事、ハウスキーパー、レディーズメイドは、ハウスキーパー室に退く。この部屋のテーブルには、私が事前に〈食後の甘い菓子《スイート》〉の準備をしておいた。階上の晩餐室では、たぶんそれは常に〈プディング〉と総称されていたと思う。けれど、下々の者にとっては〈スイート〉だった。それからもちろん、あぶくがはじけるようにおしゃべりが始まる。なぜなら、上級の使用人《シニア・サーヴァント》たちが出て行くまで、下っ端グループ――すなわち下級フットマン、オッドマン、ホールボーイの私、ハウスメイドやランドリーメイドは、ひとこともしゃべることを許されなかったからだ」

この職場の室内使用人はあわせて一三人。この人数が、メインディッシュが終わったあと「上級」と「下っ端」の二手に分かれたことになる。ここでは「ヘッド」と呼んだり「シニア」と呼んだりしているが、いずれも「上級使用人《アッパー・サーヴァント》」と同じ意味と考えてよいだろう。

人数がさほど多くない家では、区分は上級《アッパー》か下級《ローワー》かという程度でシンプルだ。しかし、家の規模が大きくなればなるほど、人員編成は複雑になり、ヒエラルキーは強固になっていった。上級使用人としてハウスキーパー室に招かれ、別メニューを食べることは、出世の証だったのだ。下級使用人たちは、このハウスキーパー室を、「パグ犬の客間《パグズ・パーラー》」と呼んだ。いつどこで始まった呼び方かはわからない。けれど、「下っ端」から見た女性上司の権勢が感じ取れるような名前である。

第一次世界大戦後、出世をはたしたアーネスト・キングは、ド・ウィッチフェルド

ノーサンプトンシャーの邸宅「アイノー・パーク」のハウスキーパー室。天井は高く、絵画が飾られ、居心地よさそうにしつらえられている。窓際にたくさんの引き出しと戸棚がある。1846年、リリ・カートライトによって描かれた絵。

デヴォンシャー公爵の大邸宅「チャッツワース」の使用人ホール。テーブルクロスのかけられた長い食卓に、質素なナイフとフォークが並んでいる。おそらく1920年代頃のポストカード。

家の従者《ヴァレット》になった。女主人は「世界でもっともリッチな女の一人」と言われている大富豪である。家令が頂点に立つ大規模世帯で、室内のスタッフは、左表のような二つのグループに分かれていた。

ハウスメイドは一〇人いたが、リストに入っていないのは、この家では彼女たち専用の部屋で食事をしていたからだ。そしてフランス人シェフとキッチンメイドはキッチンで食事をとった。三六人の来客がいるとき、帯同の使用人が加わって、総数は八〇から九〇名にもなったという。

季節によって、イベントによって、食事の場に集まる使用人の人数はふくらんだりしぼんだりした。社交に熱心な女主人にフットマンや御者、運転手としてつけば、さまざまな邸宅を訪問し、多くの同業者と交流することができただろう。

客の使用人を迎えての昼餐《ディナー》では、私服の上級使用人たちは正装することを求められた。男性はテールコートやディナージャケット。レディーズメイドやハウスキーパーは正装用のブラウス、黒いシルクのワンピースなどを着る。さらにレースを飾ったり、ありったけのアクセサリーをつけるなどして着席した。

階下の上下関係

食卓を囲む使用人の人数が増えれば、また別の問題も起きた。ボーイが、上司の部屋で給仕役をやらされているあいだ、使用人ホールでは他の下級メンバーが食事をしている。ひと仕事終えてホールに戻ると、自分の取り分が残っていないのだ。ジョージ・ワシントンが伯爵家の家令室付きボーイをしていたときの体験である。

ド・ウィッチフェルド家の人員構成

【家令室のメンバー】
家令………1名
レディーズメイド………2名
リネンメイド頭………2名
従者（アーネスト・キング）………1名
運転手頭………2名
日によって、20～30名のゲストが連れてきた従者やレディーズメイドが加わる。
日によって、夫人の手足治療医とその夫人であるモック夫妻が加わる。

【使用人ホールのメンバー】
下級執事………2名
フットマン………6名
オッドマン………2名
通いの手伝い女性………8名
ランドリーメイド………8名
ホールボーイ………1名
下級運転手………2名
日によって人数は増減するが、客の運転手たちが加わる。

「生きのびるために、私はスティルルームからパンを盗んで、トイレにこもって鍵をかけ、むさぼり食うようになりました。ある日、家令室からすばらしいヨークハムをさげていたときのことです。私はそれがほしくてたまりませんでした。誘惑に負け、二切れスライスして、外のシンクの木の覆いの下に隠したのですが、ちょうどそこへミスター・ペティット（＊執事）が出てきて、私のおこないを見てしまったのです。彼は烈火のごとく怒りました。『いったい全体、何をしとるんだ、小僧！』私はそのとき、オリバー・ツイスト（＊チャールズ・ディケンズの同名小説の主人公。孤児としてひもじい思いをする）の気持ちを理解したのです」

しかしディケンズの悪役とは違って、この執事は、意外にもやさしく話を聞いてくれた。いかなる状況でも盗みはいけない、とお説教はされたものの、それから彼の食事は取り分けて、温めておいてもらえるようになった。そのうえ執事は、給仕が終わったとき、ときどき残った肉を一、二枚スライスして食べなさいと言ってくれることもあった。このようにして彼は「二つの世界の最良の部分を手に入れることができた」と回想している。

「富めるもの」と「貧しきもの」に隔てられた階級をさして、ディズレーリの小説『シビル』（一八四五年）から引用して「二つの国民」と呼ぶことがある。けれど、その二つの国のさらに深くまで分け入ってみれば、「貧しきもの」に分類される家事使用人のなかにも、さらなる階級社会が存在したことが見えてくる。

ポートランド公爵の本邸「ウェルベック・アビー」では、上級使用人は「アッパー・テン」、下級使用人は「ローワー・ファイブ」と呼ばれていた。この家の上級グループには家令、ワイン担当執事、下級執事、グルーム・オブ・チェンバーズ、公爵の従者、ハウスキーパー、ハウスメイド頭、レディーズメイド二名、加えて滞在客の従者とレディーズメイドが含まれた。アッパー・テンとローワー・ファイブは「互いに交流することはなく、その線引きはともすれば自分たちが仕えている相手よりも厳格だった」という。

食べ物も使う食器も、上級スタッフのほうが豪華だった。下級スタッフにはビール

バース侯爵家の「ロングリート」邸 人員構成（1901年頃）

家令………1名
執事………1名
下級執事………1名
グルーム・オブ・チェンバーズ………1名
従者…………1名
フットマン………3名
家令室付きフットマン………1名
雑役夫………2名
作業室付きボーイ………2名
ランプボーイ………1名
ハウスキーパー………1名
レディーズメイド………2名
ナース………1名
子ども部屋付きメイド………1名
ハウスメイド………8名
裁縫メイド………2名
スティルルームメイド………2名
ランドリーメイド………6名
シェフ………1名
キッチンメイド………2名
野菜担当メイド………1名
スカラリーメイド………1名
通いの掃除婦………1名

だが、家令室やハウスキーパー室ではさまざまなワインが出た。デザートが違ったり、余分につく家もある。もっともカロリーを消費する肉体労働は、下っ端のボーイやメイドの担当なのに、疲れがとれそうな特別メニューと美味しいお酒は、上級使用人の特権なのである。生活のさまざまな点で、上級と下級のあいだには格差がつけられていた。その待遇の差は、少しでも早く「パグ犬の客間」にあがるために努力する、「ごほうび」として機能したことだろう。

執事や家令は、そんな上級使用人たちのなかでも頂点に立つ存在。……の、はずであった。

男と女の勢力争い

これまで見てきたように、有能だったり主人の覚えがめでたかったりして、一〇代や二〇代で執事に登りつめてしまう例も、少数とはいえ、ないではなかった。そうするとたいていの部下は自分より年上になる。それに、たとえ経験豊富な、ほどよい年齢の執事であっても、職場を移ったら古株の使用人が権力を握っていて離してもらえない場合もあった。とりわけ執事にとって問題になりやすいのは、コックやハウスキーパー、レディーズメイド、ナニーといった、女主人とつながりの深い上級の女性使用人たちだった。

男性使用人は男性の主人につき、女性使用人は女主人につく、というのが基本的な命令のラインである。女主人が、料理、客の接待、育児などの家政に強い関心を持ち、担当の女性使用人と緊密な関係を築いた場合、男にとっては居心地の悪い状況が生まれがちだった。ナニーやハウスキーパーは、女主人の後ろ盾を得て、他所では執事の権

ボタンズ（ページボーイ）「すいません奥様、でもコックがテーブルを片付けてこいって言ったんで――」そして、可能な限りすばやくその命令を遂行しようとしたのだが。『パンチ』20世紀初頭。

昼食の給仕をする執事「ステーキが固い、ですか、奥様？（ちょっと間をおき）私たちはとても柔らかい羊の脚を頂いておりますよ――使用人ホールから少しもらってきましょうか？」『パンチ』1873年8月9日。

奥様「スミザーズ、毎日5シリングも余計に食費がかかっているのはどういうこと？」スミザーズ「下級使用人どもが豚肉ばかり食べたがるもので、私は――別の場所で食事を取ることを許していただけるものと思ってましたが」使用人の階級意識。『パンチ』1865年3月11日。

「おいアレクサンダー。まともなチーズを食べたければ自分で買いに行けということか」「わかりかねます、旦那様。私はチーズは食べませんので」『パンチ』1922年10月25日。

紳士はクラブに行けばよく訓練された使用人に給仕をしてもらえる。「なぜ彼らは結婚しないのか?」と副題のついた一組のイラスト。『パンチ』1861年7月13日。

限とされるようなことにも踏み込んでいくからだ。

　アーネスト・キングは、エリザベス二世女王が、まだ即位する前の新婚家庭で家令として採用された。しかし、王室家令という、いわば男性室内使用人としてのキャリアの頂点をきわめていながら、結局はこの問題に足元をすくわれてしまうのである。

　エリザベスには、ミス・マクドナルドという伝説的なレディーズメイドがついていた。王室付き使用人としての正式な役職名は「衣装係《ドレッサー》」。王女の少女時代に子ども部屋付きメイドとして採用されて、成長にともなって役割を変え、ずっと仕え続けてきた女性である。

　ミス・マクドナルドは、王女への思いが深すぎるゆえに、家令を軽視し、あらゆる局面で自分の意見を通そうとした。たとえば、経費節減のためにスタッフ専用の新聞をやめさせたところ、彼女は彼の頭越しに行動し、慣習を復活させてしまった。ほかにも、賓客の使用人にはポートワインやシェリーを出すべきだと主張したり、給与受け取りのさい剝き出しの現金を家令からもらうのは嫌だなどと遠回しに表明するなど、節約を意図する彼とは絶え間なく衝突していた。最終的に、使用人ホールに花が活けられていないという、家令にはなんのかかわりもない業務について文句を言われるにいたって、アーネスト・キングの我慢はついに限界に達してしまう。

「こんなばかけたナンセンスが続くなら、クビにしてもらって結構」と、つい勢いで言ってしまったが、本当にやめるつもりはなかった。けれど、信任あついレディーズメイドの力によって、ほどなく彼には「悪いニュース」が届けられることになる。解雇は不運ではあったが、人物評価に傷がつくことはなかったので、すぐ次の仕事が見つかったのは不幸中の幸いだった。

　一方のミス・マクドナルドは、その後もずっと女王のそばにとどまった。一九九三年に八九歳で亡くなるまで「メイドというよりは親しい友人、コンパニオン」であり続けたという。まともにぶつかるには相手が悪すぎたようである。

「女の争い」に巻き込まれ……

　衝突は女性同士にも起きた。女性使用人のほうが数は多かったのだから、むしろそのほうが頻繁だったかもしれない。エドウィン・リーは、まだ執事になって間もない頃、古参のナニーとハウスキーパーの争いに巻き込まれて苦しんだ。跡継ぎ息子の養育に携わるナニーの権限は非常に強く、「家内で彼女に勝る力を持っているのは女主人のアスター夫人だけ」という状況であった。

　ある日、子ども部屋のひきだしから髪の毛が数本見つかり、ナニーはハウスキーパーを呼びつけて、掃除を全部やり直せと命じた。状況からみて、ナニーが意図的にゴミを仕込んだようにも思われた。

　それでも女主人はナニーの肩を持ち、ハウスキーパーの方をやめさせた。このハウスキーパーの能力を買って、ハウスメイド頭から昇進させたのはエドウィン・リー自身だったので、もっと慎重にお調べになったほうが、と進言する。しかし夫人は「もし調べてハウスキーパーに罪はないとわかっても、ナニー・ギボンズとうまくやれないのなら、やっぱりやめてもらわなくちゃならないわ」というだけだった。そこで彼はもう「諦めた」。

「この手の女の論理に反論しようとしても無理なのです。つまらないできごとに思え

レディは忠実なレディーズメイドにかいがいしく世話をしてもらえる。

るかもしれませんが、こういうことは何倍にもふくらんで、スタッフのあいだに悪感情を引き起こします」

子育ての時期がすぎれば、ナニーの仕事はなくなる。雇い主の厚意でそのまま住み続けていても、往時の権力は失われる。すると、あとからきたスタッフにとっては、愛と尊敬を集めるただの同居人、という扱いになった。執事がさじを投げたことで、時が解決してくれたのかもしれない。

本書は執事自身の発言を中心に構成している。だが、もし同じひとつのできごとについて、女性スタッフからも話を聞くことができたら、また違った状況が見えてくるだろう。実のところ、執事の回想録をひもといていくと、「女の論理はやっかい」「女が男の上に立とうとするから問題が起きる」というような、男性優位の考え方が読み取れることは多い。彼らが現役で働いていた、一〇〇年ほど昔の英国から、現代にいたるまでの、男女のあり方の変化を思わずにはいられない。

家事使用人の世界は、人数のうえでは女性が優勢であった。しかし、とりわけ大規模な家では、権威を持つ立場にあるのは執事などの男性だった。上には立つが、人数的には少数派。彼らが家内を運営していくうえで、記録には残らない多くの苦労があったのではないだろうか。

「年齢は正直に申告するのだぞ」使用人の国勢調査（センサス）を記入するのは家長の役目。全国の調査結果を総合すると、家事使用人のなかでは女性のほうが格段に人数が多かった。ジョージ・R・シムズ編『ロンドン暮らし』（1902年）より。

「空のグラスがまざっているようだが？」「召し上がらない方もいらっしゃるからですわ」本来ならば男性スタッフを使いたい給仕の仕事も、家計に余裕がなければパーラーメイドの担当になる。空のグラスも、格好だけ整えればいいという考え方。『パンチ』1893年2月4日。

給料の実際

ここで、生活を構成する重要な要素であるお金について見てみよう。英国では一九七一年に一ポンド＝一〇〇ペンスに改定されるまで、十進法ではない特殊な通貨単位が用いられていた。一ポンド＝二〇シリング＝二四〇ペンス。ペニーの複数形がペンスであり、一ギニー＝二一シリングという古い単位や、ペニーの下には一ペニー＝四ファージングという小銭もあった。

支払いの周期は、時期や家にもよるが四半期ごと、または一か月ごとが一般的だっ

1880年発行『使用人の実用的ガイド』が提案する使用人の給料一覧（年額、単位はポンド）

家令………50 ～ 80
グルーム・オブ・チェンバーズ………40 ～ 50
執事………50 ～ 80
従者………30 ～ 50
男性コック………100 ～ 150
下級執事またはフットマン頭………28 ～ 32
下級フットマン………14 ～ 20
御者………25 ～ 60
第二御者………20 ～ 35
馬丁頭………18 ～ 25
下級馬丁………14 ～ 20
ページ………7 ～ 12
家令室付きボーイ、
及び使用人ホール付きボーイ………6 ～ 8
ハウスキーパー………30 ～ 50
本職のコック………50 ～ 70
素人コック ………16 ～ 30
キッチンメイド頭………20 ～ 28
第二キッチンメイド………14 ～ 22
キッチンメイド（1人勤務）………18 ～ 24
スカラリーメイド………12 ～ 18
スティルルームメイド………10 ～ 14
上級ハウスメイド………20 ～ 30
第二ハウスメイド………14 ～ 20
第三ハウスメイド………12 ～ 18
ハウスメイド（1人勤務）………12 ～ 18
レディーズメイド………20 ～ 35
若いレディ付きメイド………14 ～ 25
ナース頭………20 ～ 25
下級ナース………14 ～ 18
子ども部屋付きメイド………10 ～ 14
勉強部屋付きメイド………10 ～ 14
ランドリーメイド頭………18 ～ 25
第二ランドリーメイド………16 ～ 20
第三ランドリーメイド………12 ～ 16
ランドリーメイド（1人勤務）………18 ～ 25
デイリーメイド………14 ～ 20

た。ふつうは現金払いで、小切手による支払いを採用する家もあった。

フレデリック・ゴーストによると、二〇世紀の初め、王室フットマンへの支払いは、バッキンガム宮殿からの小切手で行われていた。八インチ×一二インチ（＊A4サイズ程度）もの大きさに、手の込んだ彫版細工がプリントされていて、「どちらかというと何かの証書か法的文書のように見えた」という。

金額の実態は、世帯ごとにあまりにばらつきがあった。一例として、一八八〇年発行の『使用人の実用的ガイド』が提案する給料の一覧を紹介する。

まず第一に、あくまでもこれは当時のマニュアル本の記述であって、実際の人員構成ではないことに注意が必要である。ページはページボーイ、比較のため女性使用人についてもあわせて掲載したが、彼女たちの生活については『図説　英国メイドの日常』を参照されたい。

男性使用人のほうが女性使用人よりも給料が高い。そして、簡単には得られない技術や経験を備えた上級職の給料は高くなっている。大邸宅でトップの給料をとるのは男性の料理人であり、家令や執事がそれにつづいた。「男性の」という断りがなければ、コックはたいてい女性で、「本職《プロフェスト》のコック」とは、上流家庭のパーティー料理を作る技術を持った料理人をさす。「素人《プレーン》コック」はそのような特別なスキルをもたない、中流家庭の料理人のことである。技術と性別の違いが、報酬に大きく反映されていることがわかる。

　貴族や地主の方が、小さな中流家庭よりも給料は高い。年齢や経験によって、あるいは主人の個人的な感情によっても、給料の額は大きく変動する。エリック・ホーンは、サーの称号をもつ主人に従者としてついたとき、一〇〇ポンドとその他の手当てをもらっていた。一九〇〇年代初頭、フレデリック・ゴーストも、王室フットマンとして採用されたとき、前述のA4サイズの小切手で、年額一〇〇ポンドを受け取った。

　家事使用人のなかでは例外的な高収入であるが、外の世界と比べると、一〇〇ポンドというのはいったいどの程度であったのか。

　まず、ポートランド公爵自身の収入はというと、少し時期がずれるが一八七六年、地代収入のみで六万八九三五ポンドであった。ヴィクトリア時代の貴族や裕福な企業家の収入は、おおよそ一万ポンド以上、上流階級に含まれる地主の下限は一〇〇〇ポンドくらいと考えられている。中流階級の収入の実態は、貴族なみの高収入をほこる家から、ささやかな下層中流階級まで大きく分布しており、下の境界線は一五〇から三〇〇ポンド程度であった。

　たとえば、とある英国国教会の牧師補が、一九〇五年に結婚したときの年収は一二〇ポンドであった。それでも住み込みのメイドをひとりだけ年額一二ポンドで雇っていた。これくらいが、およそ一〇〇年前の英国で、ぎりぎり中流階級と認められる最低のラインだろう。

　王室フットマンや、羽振りの良い上流階級の従者は、家事使用人という職業全体から見ればトップクラスの存在であった。収入という点だけで見れば、一〇〇ポンドの年収に、後述する各種の手当やチップを上乗せすれば、中流階級の「紳士」の身分にすぐ手が届く位置だったのである。

お仕着せの支給

　前述の給料一覧のなかで、「下級執事」以下「ページ」までの男性使用人たちには、職に応じて年に二〜三着のお仕着せ、または仕事用のスーツを支給するようにと、それぞれ追記されている。ホールボーイとして就職した人が、ダークカラーのスーツを支給されたという証言もある。一年ごとに新しい服を作ってもらえることは、下級男性使用人の権利として定着していた。

　ゴードン・グリメットが、第一次世界大戦後、アスター家の第二フットマンに応募したときのことだ。まず執事の面接を受け、次に女主人との短い対話があって、無事に採用が決まった。給料は年に三二ポンド。加えて週二シリング六ペンスのビール代・洗濯費が出ることになった。それから、マドックス・ストリートにあるロバート・リリコという仕立て屋にお仕着せの採寸に行くよう指示される。ゴードンは執事のエドウィン・リーに尋ねた。

『モーニングスーツの柄は選べますか？〈ペッパー・アンド・ソルト〉は強制でしょうか？』

　これは当時のフットマンの用語で、グレーと白のピンヘッド（*針の頭をきっちり並べたような柄）生地のことです。多くの家で、男性使用人の服として、おかかえの仕立て

サフォークの「コロンバイン・ホール」の使用人。ノコギリやふるい、歯車など、手に手に自分の仕事道具を持っている。1860年頃。

ヨークの都市部にある邸宅「トレジャラーズ・ハウス」にて。主人のグリーン氏とスタッフたち、1920年代。

屋に作らせていました。それらしく見えるように――つまり、いかにも使用人の服という柄なのです。
『それなりの理由があるのなら、好きな柄を選んでもいいが』とミスター・リーは中立的な態度で述べました」

　指定の仕立て屋で寸法を測ってもらったゴードンは、リリコ氏からこっそり耳打ちされる。

『ねえ君、お仕着せの長ズボンの下にはく、丈の長いウールの肌着はどうします。うちではスーツ一着ごとに一本おつけしているんです。でももし、ほかのフットマンの皆さんと同じように、いらないことにするのなら、その代わりに下へ行ってもらえば、弟がちょっとしたものをあげますよ』
〈下〉の階へ行くと、そこは裁断室でした。リリコ氏の弟のボブが作業机を前に座っていて、私のようにお仕着せの採寸に来た三人の男性に囲まれていました。みんな手に

手にグラスを持っています。リリコ氏の弟は私を迎えて言いました。
『やあ、〈ナンセンスなパンツはいらないマン〉がまた一人来たようだぞ。こっちへ来て一杯どうぞ』

　つまりこの仕立て屋は、会計上は主人の財布から「ナンセンスなパンツ」つきの正価をとっておいて、実際には商品は渡さず、それより安いグラス一杯のお酒をフットマンに与えて、差額分の利益をふところに入

百貨店「ハロッズ」の1908年版カタログから。フットマンが着るオーバーコート（ボックス・コート）。

御者の短いフロックコート。1908年。

御者用のボックス・コート。1908年。

フットマンの、テールの短い室内用のお仕着せ（コーティー）。1908年。

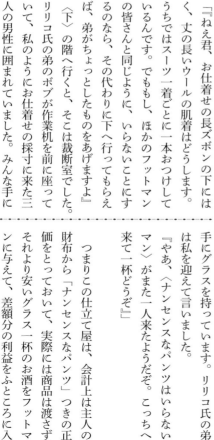

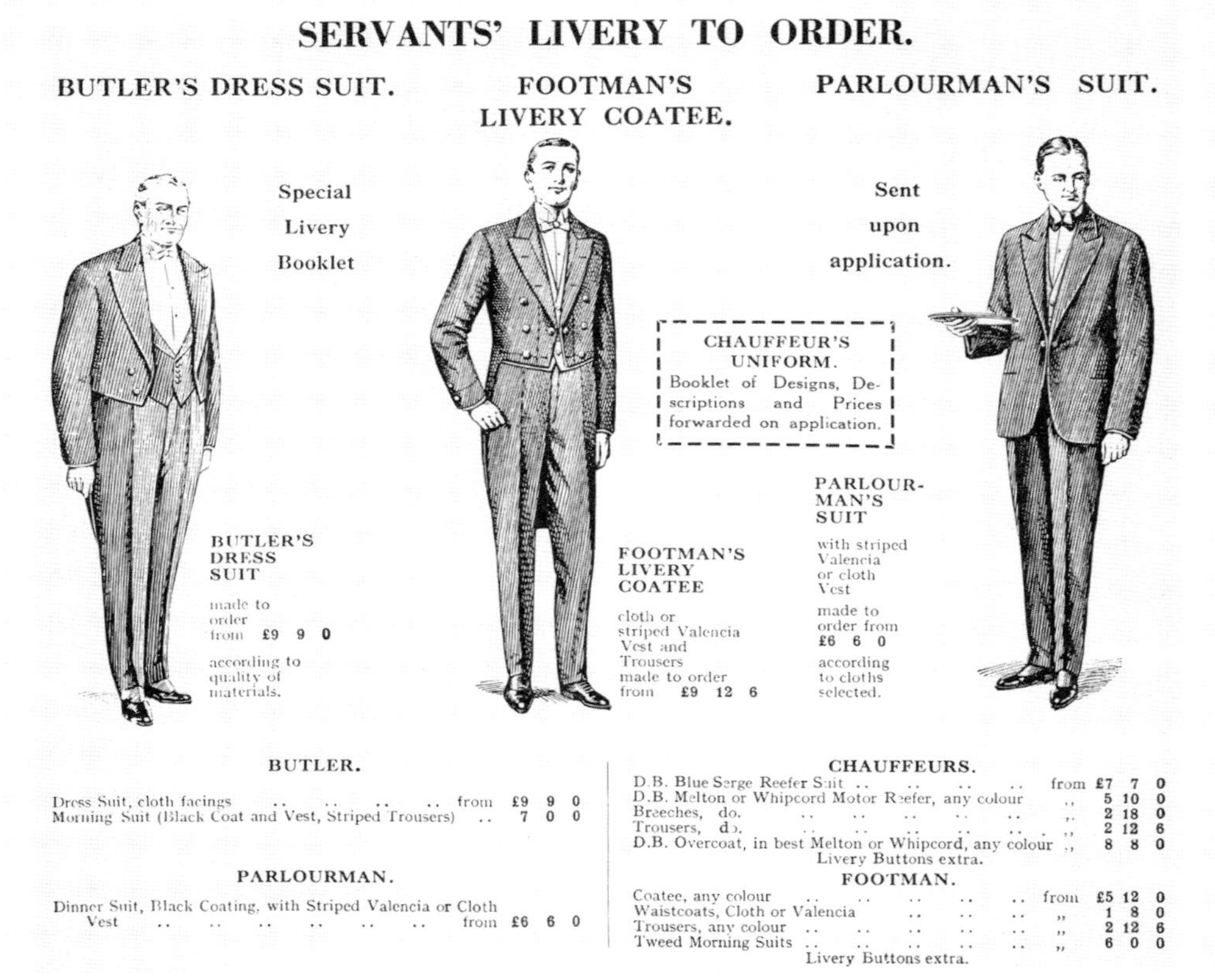

高級生協「陸軍海軍ストア」のカタログより。左から執事の服、フットマンのお仕着せ。右端は「パーラーマンのスーツ」で、ウェイターということだろう。1929〜30年。

れていたわけだ。そもそもフットマンのお仕着せは、正装になると膝丈である。シルクのストッキングに包まれたふくらはぎの形を見せつけなければならないのに、「丈の長いウールの肌着」はたしかにナンセンスである。

このように業者と結託して雇い主の目をごまかし、ちょっとした利益を得るという行為は日常的に行われていた。受け入れがたい「犯罪」と、不承不承ながらも認められる「役得」。ボーダーラインはあいまいだった。

紳士淑女のための チップ・マニュアル

一八世紀頃までの英国には、折に触れて使用人に多額の金品を贈る慣習があった。これを「心づけ《ヴェイル》」と呼ぶ。朝食、お茶、晩餐のときの給仕それぞれに、相場にしたがってお金を渡す。トランプ遊びのカードを出してもらっただけでもお金を渡す。泊まりがけのもてなしを受けたら、滞在期間と使用人たちのランクに即して、やっぱりお金を渡さなければならなかった。ゲストが帰ろうとするとき、使用人たちはホールないしは玄関前に、二列に並んで待っている。彼らの前を通るとき、笑顔だけで切り抜けることは、事実上不可能だったのだ。

使用人に大金を贈る「心づけ」の習慣はしだいに世間の批判を受け、下火になっていった。一九世紀には「帰り際の行列」はすたれていたようだ。それでも、滞在した家で世話を受けた使用人に、いくらかの現金を贈る習慣は生き延びた。

チップをあげるべきかあげないべきか。いつ、いくら渡せばいいのか。現代において、チップの習慣がない国の人間が、海外旅行をするときのように、上流の大邸宅に不慣れな人びとは頭を抱えた。一九一〇年に発売された家事大全『すべての女性の百科事典』によると、チップの相場は物価とともに上がり続けており、「銃猟《シューティング》がおこなわれる家に一〇日間滞在すると、チップに使うお金は五ポンド近くになる」という。この本では、裕福な上流階級の男性が、同じランクの家に宿泊した場合、以下のような金額を渡すことを推奨している。

「数日間の滞在に対し、執事は一ソヴリン（＊一ポンド）を期待するでしょう。何度も車に乗せてもらった場合、運転手には半ソヴリン（＊一〇シリング）以上必要です。ただし、駅から家まで送迎してもらっただけなら半クラウン銀貨一枚（＊二シリング六ペンス）か三枚（＊七シリング六ペンス）で十分です。女性の滞在客の場合も同様です。週末の滞在で、自分の部屋を担当したメイドには五シリング、出発のさいに荷物を運んでくれたフットマンやパーラーメイドには半クラウン渡します」

チップを全面的に禁じる家もあったが、その場合は、その他の待遇面で埋め合わせをする必要があった。自分たちにとっては当然の権利であるはずのチップをもらえないとなると、使用人はさっさと他所へ転職してしまうからだ。

「このブーツ、昨晩出しておいたのに、手もふれていないじゃないか」「そりゃ、お財布も一緒に出しとかないからですよ」無茶なチップを要求するスタッフ。アイルランドから送られたポストカード、1918年消印。

チップでひと財産

ここまでの記述は、おおむね雇い主の視点からの批評記事や家事マニュアルに依拠したものである。では、使用人自身から見たチップの実態はどのようだったのか。

ウィリアム・ランスリーは一八七〇年、一六歳のときにホールボーイとして仕事を始め、のちには上流家庭の家令にもなった。

「ほれ見ろ、ほんとの紳士じゃないと思ったぜ！　半クラウンしかくれないなんてな！」チップの額が不満なゲームキーパー。『パンチ』1882年9月2日。

彼は最初の年の給料八ポンドを、まるまる母に渡すことができて鼻高々だった。彼女は受け取れないと言って二ポンド返してきた。しかしウィリアムはそれも、実家のテーブルにこっそり置いて帰った。チップだけで十分に貯金ができていたのである。

一九四〇年、アーネスト・キングは、知り合いの伯爵が担当する新聞のコラムに取り上げられたことがある。「ミスター・キングは、執事界で最高の職場に勤めてきた。チップだけで年に六〇〇ポンドもかせいだ」と書かれたのだが、実際の金額は記事よりさらに多く、なんと九〇〇ポンドであった。ただし、その半分は一緒に働いていたスタッフに分配していた。だからこそ彼は、その家で働いていた七年間、一度もフットマンに辞められずにすんだのである。

英国の男性使用人は、古来、おおっぴらに高額なチップをせびるというので悪名高かった。前述のウィリアム・ランスリーやアーネスト・キングは、もちろんことさらにお金を要求したとは書いていない。しかし、ここまでに語られた金額を見てみれば、全般的に悪評がしみついているのも仕方がないかと思えてくる。ポートランド公爵の邸宅「ウェルベック・アビー」には、この

劇場の前で主人や奥様を待つ男性使用人たち。「ここ最近見かけなかったな？」「うちの旦那、今期は劇場のボックス席を押さえてないんだ。ダイヤモンド・ジュビリー（君主の即位60周年）のパレードを見る場所取りに大金払っちまったから」――とはいえ見栄のために使用人を雇う出費は節約できない様子。『パンチ』1897年6月12日。

イメージを裏付けるようなフットマンがいた。

ウェルベック邸に滞在していたアポニーン伯爵が、出発する日のこと。彼はフットマンのヘイルズに一シリング渡し、電信局に行って電報を送ってくるよう命じた。送信を済ませたヘイルズは、銀の盆にお釣りの六ペンスをのせて差し出す。伯爵はちょうどホールから出て行こうとしていたところで、「ああ、それはとっておきなさい」と答えた。つまり、彼は滞在期間全体のチップを、お釣りの六ペンスで済まそうとしたのである。

『これはお受け取りできません』と、ヘイルズは六フィート三インチ（＊一九〇・五センチメートル）ある上背をさらにそらして言った。『アポニー伯爵、この六ペンスは〈あなたが〉とっておきなさい。もう一通、電報を送りたくなるかもしれませんからね』

伯爵はかあっと赤面して言葉を失った。そしてポケットをかき回し、一ソヴリン金貨（＊一ポンド）を掘り出して、ヘイルズに与えた」

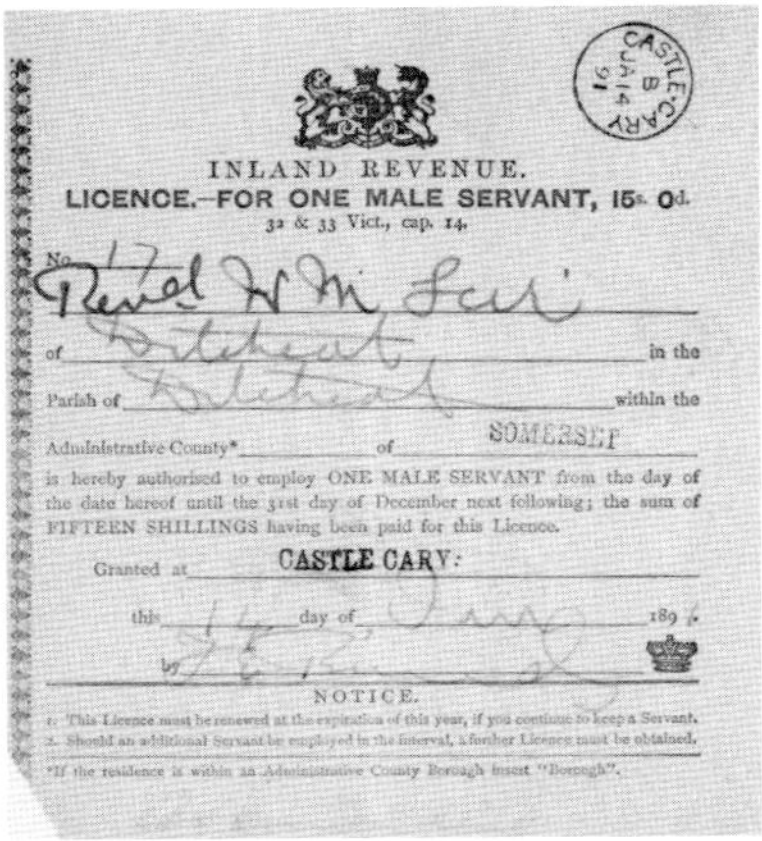
CASTLE CARY B JA 14 91

INLAND REVENUE.

LICENCE.—FOR ONE MALE SERVANT, 15s. 0d.

32 & 33 Vict., cap. 14.

No. 17

of ______ in the

Parish of ______ within the

Administrative County* ______ of SOMERSET

is hereby authorised to employ ONE MALE SERVANT from the day of the date hereof until the 31st day of December next following; the sum of FIFTEEN SHILLINGS having been paid for this Licence.

Granted at CASTLE CARY

this ______ day of ______ 189

NOTICE.

1. This Licence must be renewed at the expiration of this year, if you continue to keep a Servant.
2. Should an additional Servant be employed in the interval, a further Licence must be obtained.

*If the residence is within an Administrative County Borough insert "Borough".

1891年にサマーセットで発行された男性使用人税の納入証明書（ライセンス）。高騰する給料やチップに加えて、男性使用人には税金もかかった。1人当たり年間15シリング。この税金は1937年に廃止されるまで続いた。

一八九三年のエチケットブックにも、「〈大きな〉邸宅の男性使用人は、金貨をもらうことを当然と考える」とある。金貨といえば一ポンドか一〇シリングである。しかし、そこまでチップが高騰《こうとう》している家ばかりでもなく、一シリング、半クラウン、なかにはヘイルズがきっぱり拒否した六ペンスでも十分と考える人も多かった。

アーネスト・キングがキャリアの初期に勤めた家では、慎ましい額のチップが渡されていた。ただ、渡し方が奇妙で、雇い主には使用人の背後から「首筋にいきなりフロリン銀貨（＊二シリング）一枚と一ペニー硬貨一枚を突っ込む」というくせがあった。半端の一ペニーは、当人の言い分では「幸運のげんかつぎ」。奇人《エキセントリック》で評判の雇い主であった。

グレーゾーンぎりぎりの「役得」

基本給のほかに、ビールや髪おしろいを買うための現金が「手当《アローアンス》」として支給される場合もあった。お酒を我慢し、髪おしろいを小麦粉で代用すれば、貯金に回すこともできただろう。

しかし、雇い主が関知しないところで使用人のふところに入るお金もある。「役得《パークス》」だ。邸内で廃棄される品物を中古業者に売ってお金にかえるのである。

担当する仕事の領域によって、手に入る品物は異なった。料理人たちは肉の骨や脂を売った。キッチンメイドやスカラリーメイドは鳥の羽根やウサギの皮を。御者は古くなった車輪を。レディーズメイドや従者は古着を。そして執事やボーイは、使いさしのロウソクと、ワインの空き瓶で小銭を手に入れることができた。

ジョージ・ワシントンは、イルチェスター伯爵のロンドンの邸宅「ホランド・ハウス」で働き始めた頃、ワインの空き瓶を売って、恋人のメイジーとのデート代をつくった。

「私にはホールボーイとしての役得がありました。お若いイルチェスター卿やお客が滞在しているとき、晩餐室で飲まれたワインの空き瓶とコルクをもらうことができたんです。こうしたものは中古品として価値があるので、ときどき収集人が訪ねてきて、瓶は一ダース二、三ペンスでひきとられていきました。コルクはもっと高値がつきました。この家で出していたワインはみんなヴィンテージもので、コルクには年と産地が焼印されています。シャンパン、クラレット、ポートワインの当たり年のものは、五シリング以上にはなったし、まあまあ良い年なら一シリング六ペンスから二シリングでした。コルクは悪徳業者に転売されて、偽造のラベルを貼った安物のボトルにつけられるか、高級なホテルやレストランのワイン・ウェイターに売られたのです。ああしたウェイターは、抜いたコルクをテーブルの隅に置いて、もてなし役のホストに見せなくてはなりませんでした。つまり、ほろ酔いかげんでワインをおごる人たちは、安ワインなのにヴィンテージものの値段を払わされていたわけです。私はこの売り上げを使わずに貯めておきました。だからメイジーが一週間の休暇を彼女の実家で一緒にすごしたいといってきたときは、迷わず『イエス』と言えたし、遊びの資金としてなかなかの金額を持っていくこともできたんです」

大邸宅の男性使用人には、給料に加えて、このようにさまざまなおまけがついてくる。客前に出られるランクまで行ければ、金銭面では恵まれた生活を送れたといえそうだ。それでは、あの手この手でためたお金が活躍する休日や休憩のすごし方について、次章では見ていこう。

髪おしろいを強制されるのが嫌で辞職予告を出すフットマン。「あれをつけると顔色が悪く見えるんですよ」「私の顔色には関係ないわ――まあ、でも、お下がり」『パンチ』1868年4月11日。

馬車のドアを開けて待つお仕着せのフットマン。『ロンドン暮らし』(1902年)より。

column

「食事手当」あれこれ

セクシーなジョン・トマス（フットマン）「いいこと思いついたぜ、コック。マトンやポークの脚肉にはもう飽き飽きだ。そろそろ新しい動物を発明してもいい頃合だろ?」『パンチ』1864年1月23日。

雇い主が家を離れている期間に、食料品を買うために支給される現金を「食事手当《ボードウェイジズ》」と呼ぶ。この手当は、悲喜こもごものドラマを招いた。

チャールズ・クーパーは一九世紀末、湖水地方にほど近い「エデン・ホール」のホールボーイとして雇われた。この家の主人サー・リチャード・マスグレーヴが外国にいくことになったとき、しばらく食事手当ですごしたことがあった。

「私たち男性使用人の食事は第一フットマンが手配した。限界まで安くあげようとして、彼は豚の脇腹肉を注文した。塩漬け肉なので、料理の手間を大いに省けるだろうと考えたのだ。これは一ヤード（九一・四センチメートル）もの長さがあったにちがいなく、食事の時間が来るたびに、私たちはその肉をよくよくほじくり返して確かめたけれど、やっぱりそれは豚の脇腹肉以外の何ものでもないのだった。たぶん最後には、こわれた庭の石畳を取り替えるのに使ったのじゃないかと思う」

彼はのちに、シュレースヴィヒ・ホルシュタイン公の邸宅「カンバーランド・ロッジ」でフットマンになった。このとき使用人は年間をつうじて常に食事手当を支給されている。会計と調理は部署ごとに分かれておこなった。

「食事手当は週額一五シリングで、ミルクと野菜は

猟犬をともない、こぎれいなお仕着せ姿で、撃ち落とされたヤマウズラを集めるゲームキーパーたち。ノーフォークでアルベマール伯爵が開いた銃猟の会にて。

ドーセットでおこなわれたある銃猟の戦果。1927年の写真。

支給された。通常、食材を買うには一日一シリングあればすんだので、我々が〈ピッグ・アンド・ホイッスル亭〉で飲むための資金を十分に残すことができた。毎週金曜日に、グリムスビーの町からバスケット一杯の魚を半クラウンで買ってきた。これだけあれば、男六人の昼食をまかなうことができる」

食べ盛りの男たちのこと、野菜やミルクや魚だけでは物足りない。できれば無料の肉がほしいところだ。そこでフットマンたちは策を練った。


「ある朝、コンノート公アーサー王子がやってきた。猟園にウサギを撃ちにいくのだ。フットマンの一人が、もしウサギがいくらか余るようだったら私たちにいただけませんかとお願いした。

『わかった、君らのためにキッチンに届けさせよう』と王子は言った。しかしフットマンはさらに頼む。

『どうかキッチンにはやらないでください、殿下。それでは私たちの口に入りません』

するとプリンスは笑いながら答えた。

『よろしい。作業室《パントリー》に運ばせるようにするよ』

かくして六羽のウサギが届けられ、私たちは二日間まるまる食べることができた」


このような調子で、少しでも食費を浮かして飲み代や貯金を増やそうと、彼らは涙ぐましい努力を重ねていたのである。

真夏日のフットマン。「この炎天下に馬車の外のステップに乗るなんて。お嬢さんたちが俺らとおんなじ体勢で行くんじゃなきゃ絶対嫌だね！」『パンチ』1868年7月25日。

第6章 執事の余暇

休暇をとれない執事たち

「ヒル氏は、私の余暇についてなどまったく考えもしなかった。

『明日、お休みをいただいてもよろしいでしょうか、旦那様』と私がいうと、彼はほんの少し考えて、それから答える。

『明日はだめだ、キング。明日はポーカーパーティーがある。明後日にしなさい。その日は朝早くひげをそることにする』

しかし、彼は朝の七時に起きて、九時にはぱっちり目を見開いていたはずが、突然その目を閉じて、眠ったふりをしてしまうのだ。ランチタイムまでに出かけることができればラッキーというものだった。五年間で、一か月に半日以上の休みをとることはできなかった」

アーネスト・キングが第二次世界大戦の開始直後から執事として仕えたフィリップ・ヒル氏は、銀行業で巨万の富を築いた人物だった。彼は自分の払う高い報酬に対して「いつでも、即座に、ボタンひとつで駆けつける」ようなサービスを要求したと

社交期の終わり、疲れきってメイドたちに介抱してもらうフットマン。『パンチ』1846年。

お客の多い招待会では、クローク役の使用人たちは大忙し。それを見ていた坊ちゃんのトミーが「番号札、付け替えちゃおうぜ!」『パンチ』1885年3月21日。

いう。おそらく骨の髄までビジネスマンだったのだろう。

一九世紀末から二〇世紀初頭、使用人には年に一度、一週間か二週間の「休暇《ホリデー》」を与えるのが一般的になっていた。しかし、ビジネスに社交に多忙な主人は、休みをやるにも自分の都合を最優先させた。

一九三〇年代、アーサー・インチはバッキンガムシャーの邸宅「ウェスト・ウィカム・パーク」で一人勤務のフットマンになった。この職場で働いて初めて週末の休みをとれたのは、実に一五か月目のことだった。およそ二年がすぎ、ヨークシャーに住んでいる家族に会うため、休暇の必要を感じた彼は、辞職を決意することになった。

おおむね同じ頃の一九三二年、「クリヴデン」邸でも、一人のフットマンが退職を申し出ていた。たった二か月しかもたなかったのだ。その期間に一度の半日休み《ハーフ・デイ・オフ》しかもらえなかったのである。ロンドンとクリヴデンにスタッフが分断されて、超過勤務が積み重なっただけでなく、電話の応対に時間を取られることが問題だった。そうすると当然のごとく、銀器を磨くなどの通常業務を、本来なら休めるはずの夜にするはめになった。家に帰った彼の「疲れきり、やせこけて健康をそこねた」様子に家族はショックを受け、辞めるように説得したのだという。

「休み時間」はいつとれる?

そうはいっても健康をそこねるほど働かされるフットマンばかりだったわけではない。長い休暇はなかなかとれないにしても、スタッフがそろっている家なら、余裕のある勤務体制が望めた。

ポートランド公爵家で王室フットマンとして雇われたフレデリック・ゴーストは、王室の祭事があるときには王宮に行くが、ふだんは公爵邸で働いていた。四人の王室フットマンが交代で勤務につく。

一日目：自分が先頭に立って働き、常に呼び出しに応じる。朝食、ランチ、お茶、晩餐を給仕する。二人目がバックアップする。
二日目：二人目が先頭に立って働き、自分はバックアップ。
三日目：来客が多いときだけ呼び出しに応える。必要に応じ三人目と四人目を手伝う。
四日目：非番。

　つまり、三日働いたら一日「非番」の日がまわってくるわけだ。実に優雅な勤務体制である。

　フレデリックの同僚フットマンのひとりには、第5章にも登場した、身長六フィート三インチのヘイルズがいた。ものすごくハンサムなアイルランド人で、公爵夫人について馬車で外出するときは、まるで忠実な召使の鑑《かがみ》といった風情《ふぜい》だった。しかし、使用人のお茶の時間が終わると、毎日、いつのまにか姿を消してしまう。すると、彼と組んで仕事をするもう一人のフットマンは、すべての仕事を押し付けられることになった。

　あるとき、ヘイルズが呼び出しに応じる当番だったのに不在で、ベルが鳴ったとき、控えのメンバーが応答するのもおくれてしまった。するとなんと公爵がみずからやってきて、残っていた三人を叱りつけたのだ。公爵がフットマンの部屋に降りてくるなど、よほどの事態である。

　晩餐の直前、給仕用の緋色《ひいろ》のお仕着せにしっかり着替え、いつもに増してつやつやとハンサムなヘイルズが華麗に登場した。三人はいっせいに彼に詰め寄って糾弾する。しかし彼はいかにも申し訳なさそう表情をつくりながら、「何をしてたかほんとうに知りたいの？　足が痛かったから足湯をしてたんだよ」と言い放った。

　要領がよく、ユーモアがあり、仕事を押し付けられる同僚がいて、そしてずば抜けてハンサムで背の高いフットマンなら、休

スタッフォードシャーの邸宅「シャグバラ」で1920年代に働いていたフットマンと雑役夫。雑誌と煙草で休憩中。

「すいません奥様、『タイムズ』を旦那様が読み終わったらもらってくるようにってコックが——待ってるからって！」当然の権利として催促まで。『パンチ』1875年9月18日。

ハウスメイド「ジェイムズったら！　図書室のベルが鳴ってるの、聞こえないの？」ジェイムズ「ほっとけよ！　図書室のベルなんか答えるもんか——今日は日曜の外出日。俺はいま教会にいるのさ！」『パンチ』1863年7月11日。

み時間は気分しだいで作れたようである。

男たちのロンドン、夜の生活

ちゃっかりもののヘイルズほどではないにしても、大邸宅の男性使用人は、総じて午後には暇な時間ができる傾向にあった。留守番を他の人に任せられる「非番」のときであれば、彼らは大手をふって遊びに行ける。下っ端のメイドたちが、平日や夜の外出を厳しく規制されていたのとは対照的である。

フレデリック・ゴーストが行きつけにしていたロンドンのパブは、執事やフットマンが集まる店で、その名も「ランニング・フットマン」といった。これは、一八世紀以前に、主人の馬車の護衛をしたり、駆け足で伝令役をしていたという使用人にちなんだ店名である。彼はこのパブで意気投合した同業の友達と、夜のロンドンに繰り出した。

「ロンドンに戻って最初に夜の休みがくると、ジム・アスキューに電話して〈ランニング・フットマン〉で待ち合わせをした。何杯かのビールを飲み干すと、ソーホーの小さなレストランに移動し、すばらしく美味しいロブスター料理を食べた。

それからクライテリオン劇場に行き、新しい演芸のポスターをチェックする。その日の目玉は〈フライング・プレッツェル〉というドイツの曲芸集団で、三つの車輪がついた自転車に似た器具を、膝から下にくくりつけて、すばらしい妙技を繰り広げていた。

ショーが終わるとすっかり楽しい気分になり、外出日の総仕上げに、アールズ・コートの展示場で開かれているアメリカ博覧会に行くことにした。蛇口《タップ》から流れ出す、名高いアメリカのラガービールを試飲した」

別のときには、アルバート・ホールのオルガンリサイタルや、バレエの舞台も見たし、ミュージック・ホールに行って、流行

ロンドンの高級住宅街メイフェアにあるパブ「ランニング・フットマン」。

パブ「ランニング・フットマン」の看板。走り続ける体力を保つため、手に持った杖の先には、卵と白ワインを混ぜた栄養ドリンクが入っていたらしい。

主人たちを迎えに行くまで、階上の動向を肴にフットマン仲間とパブで一杯。『パンチ』1882年12月7日。

巨人のように大きなフットマンが、ちっちゃな子猫の世話をするよう申しつかり……「かわいそうにママがいないのよ、かわりにみゃあって鳴いておあげ！」『パンチ』1870年代後半。

ベルで呼ばれて来てみたら……「ベルを引くようお嬢様に仕込まれた」犬が「かしこくも練習している」ところだった。『パンチ』1865年9月2日。

のコミックソングも聴いた。有名な観光地ハンプトン・コートやランベス宮殿も見た。ある日曜日には、テムズ河をボートでさかのぼり、王立植物園《キュー・ガーデンズ》でエビ料理つきのお茶を楽しんだ。

　現代の感覚でもうらやましくなるほどの充実した観光ぶりである。出歩く機会が多い男性使用人にとって、ロンドン・シーズンの勤務は魅力がいっぱいであった。

執事たちとペット

　アーネスト・キングには、少しかわった趣味があった。ネズミを育てていたのである。「国内でもっとも偉大なネズミ生産者のひとり」と賛美されるほどで、ほとんどプロのブリーダーの域に達していた。

「一時期は一〇〇〇匹も飼っていた。これは私の趣味で、〈ナショナル・マウス・クラブ〉にも加入していたが、この団体には博士様もたくさんいた。品評会にも出した。クリスタル・パレス（＊一九世紀の第一回ロンドン万博のとき建てられた鉄とガラスの建物で、一九三六年に焼失）、リーズ、ブラッドフォード、オリンピアなどの展示会や、数々の農産物品評会にも参加した。もちろんそこらのハツカネズミなどではないことは強調しておかねばならない。私たち愛好家の志はもっと高かった！　私の持っている宝物のひとつには、一九三六年の〈リーズ・グレート・マウス品評会〉でとった〈最高賞〉の優勝カップがある」

　ただのハツカネズミ《ハウス・マウス》ではなくネズミ《マウス》なのだと、そう胸をはるのは、おそらく交配を重ねたペット用マウスを育てていたのだろう。しかし、個人宅の執事をしながらネズミを一〇〇〇匹も飼っていたとは、雇い主の理解がなければとても無理な規模だ。賞も取り、新聞にも載ったというから、むしろ応援されるくらいの扱いだったのではないだろうか。

　チャールズ・ディーンは、一九二〇年代、アリス・アスターの家で執事兼従者をしていたときに、動物がらみの奇妙な「息抜き」に遭遇した。

　女主人アリスが最初の夫に選んだのはロシアのプリンスで、ヴァシリーという名のロシア人シェフがついてきていた。シェフという職業のご多分に漏れず、非常に気性が荒い男である。このヴァシリーのせいで下働きの雑役夫《オッドマン》がひとり辞め、交代要員を面接したところ、飼っているオウムを持ち込んでいいかと訊ねられた。そんな事態は初めてで、「オウムにも面接をしたほうがいいんだろうか」と思ったものの、結局は飼い主に二、三の質問をしてすませることにした。

女主人は快諾し、雑役夫のジョンはキッチンのそばにあるブーツ磨き用の小部屋に鳥かごを持ち込んだ。オウムは子どもたちのお気に入りになり、おやつを持ってきては話しかけていた。しかしジョンとオウムが来て二か月後、チャールズ・ディーンは女主人に呼び出される。

『ディーン、私、子どもたちが心配なの。ナニーから聞いたのだけれど、あの子たちが悪い言葉を覚えたらしいのよ。理由はわかるかしら?』

『いいえ、奥様、階下で罵《ののし》り言葉を使うものはおりません。もちろんお子様の前でなど絶対にありえません。どのような言葉か、よろしければ少し教えていただけますか?』

『無理よ、ディーン、あれを復唱するなんてとてもできない』

(偽善者め)と私は内心思いました。彼女がそういう言葉を使うのを聞いたことがあったからです」

女主人は口で言うかわりに紙に書き、空き時間に調べておくよう執事に命じた。メモには「イングランドのくそ」「ブリテンくたばれ」と書いてあった。ピンときたチャールズ・ディーンは、数日間、オウムのそばで張り込みをする。するとはたして、キッチンからナイフを手に怒鳴り散らしながら、シェフのヴァシリーがやってきた。

『アロー、ヴァァス』とオウムが言いました。そしてシェフは鳥かごにナイフを突っ込みながら叫びます。

『この馬鹿鳥、殺してやる。イングランドのくそが! ブリテンくたばれ! アリスのくそったれ!』

当然ながら、最後の言葉はメモには書かれていませんでした」

女主人と協議のすえ、オウムとその飼い主の雑役夫がお払い箱になり、口の悪いシェフはそのまま居残った。理不尽なようだが、どうしようもない。シェフの料理はオウムよりも稀少だからだ。

日曜日は教会へ

雇い主は使用人たちに対し、日曜日は地元の教会の礼拝へ行くよう求めることが多かった。信心深い家なら毎週、できれば一

短気だが腕は抜群だったというロシア人シェフのヴァシリー(左)とチャールズ・ディーン(右)。ニューヨークにて。

アスター子爵夫人の死後、アメリカの英国大使館の執事になったチャールズ・ディーン。

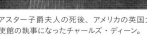

日に二回。それほどでもない家や、下っ端のメイドたちには隔週で一度、教会に行く時間を許した。

　ネズミ愛好家として名をはせた執事アーネスト・キングにも、もちろんまだ若い新人の頃はあった。エドワード時代、一八歳の彼は、チチェスター氏宅の第二フットマンとして働いていた。

「ハムリン・チチェスター少佐の邸宅、ユルストン・パークでは、フットマンは教会に行くときにお仕着せを身につけなければならなかった。御者はトップ・ブーツ（＊上部の縁に色の違う革を使ったブーツ）にケープを着た。運転手でさえ同様だった。彼はシドレー・デイシー社（＊英国の自動車会社）から来た人で、家事使用人のことはまったく知らない機械工だった。にもかかわらず、運転用の上着に膝丈のズボンと、ひさしのついた帽子と、手首までの分厚い革手袋をつけさせられた。

　女性使用人は暗い色の服と黒いボンネットを身につけた。午後から夜までの自由時間がある彼女たちは、帽子箱をぶら下げて行き、門番の奥さんに預けてから教会に行った。すると、門番小屋の狭い廊下は、メイドの帽子箱でいっぱいになった。朝の礼拝が終わると、今度は教会用のボンネットを預けて、よそゆきの帽子に替える。そうして、徒歩ないしは自転車で四マイル（＊六・四キロメートル）先の町か自分の家まで出かけていった。夜の一〇時には、黒いワンピースとエプロンとキャップに着替えて戻っていなければならない。フットマンはお仕着せ姿で、夜の祈りに出席した」

若い令嬢たちのうしろを、彼女たちの小さな本をたずさえ、ついて歩くフットマン。1859年。

　ほかの家でも、女性使用人が教会に行くときは、たいてい地味な私服に黒いボンネットをつけさせられた。男性のほうはというと、お仕着せ、仕事着、正装のスーツで行くよう指導された。旦那様や奥様としては、せっかくお金を払って雇っているのだから、自分は使用人を雇う身の上であるということを近隣の住民に誇示したかったのだろう。

　あるいは「誰がどう見ても使用人らしい格好で教会に行かせる」ことにより、刷り込みたい思想があったのかもしれない。牧師たちは、階級制度を補強するような説教をした。「己の分際を守れ、使用人は主人に忠実に仕えよ、人間はみな神に奉仕する召使なのだからそれが当然だ」――使用人の印である服装を身につけたままそんな説教を聞かせれば、反抗心を押さえ込めると思ったのだろう。

　とはいえ、その効果のほどは定かではない。エリック・ホーンの記憶では、執事を呼び出して「説教中に寝ていたフットマンがいる。ビールを控えさせろ」と叱りつける旦那様もいたというのだから。

　チャールズ・クーパーによれば、信心深い雇い主は、スタッフが全員、堅信式《けんしんしき》を受けていることを望んだ。これはキリスト教の一部教派において、幼児のうちに洗礼を受けたものが、一定の年齢に達してふたたび自らの信仰を誓う式のことである。その主人は執事に命じて、「式を受けるべき者」を探させたという。

主人たちはこのように、使用人たちの心の生活を管理することを望んだ。そして、指導の責任は執事にふりかかってきたのである。

お仕着せをめぐる葛藤

フレデリック・ゴーストも、お仕着せで教会に行った体験を回想している。「コート・ヘイ」邸でグラッドストーン家の二人の紳士に仕えていたときには、二種類のお仕着せを支給されていた。ウィークデーのあいだは、六つの銀ボタンがついたダークグレーの上着に付け襟、白いシャツとタイで働いた。しかし、教会に行くときには「日曜のお仕着せ」で、形は同じだが暗紫《プラム》色に金のボタンがついていた。

彼は華やかなお仕着せを誇りに感じたようだが、一方で、複雑な思いを抱く人もいた。

一八三七年、一五歳で牧師館の「フットボーイ」になった少年の体験である。フットボーイとは、フットマンと同じようなお仕着せを身につけるが、その実体は、ホールボーイやその他のボーイたちと同様に、ありとあらゆる雑用に走り回る下働きであった。

フットボーイのヘンリー・ホワイトは、雇い主の後ろを、祈禱書を持ってついて歩いた。家族専用の信徒席のドアを開け、そ

ランズダウン侯爵家のフットマンたち。場面のフォーマル度によってお仕着せを着替えた。最礼装で儀式用馬車の前に立つ。

ランズダウン侯爵家の半礼装のフットマンたち。モールが少なくなり、ベストの刺繍も減っている。

同じく、日常用のお仕着せ。19世紀末から20世紀初頭のもの。

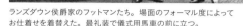

コーンウォールの邸宅「コティール」にて、借地人舞踏会の準備。使用人たちが飲み物を混ぜたり、座席を作ったりしている。ニコラス・コンディによる絵画、1840年頃。

邸宅「ホーカム・ホール」を背後に、羊の検分をおこなう地主のトーマス・コーク氏。トーマス・ウィーヴァーによる絵画、1800年代。

「クラッグサイド」邸でおこなわれた借地人のための昼食会。子息が21歳の誕生日を迎えて成人することを記念したもの。1913年。

して持ってきた祈禱書を席にセットする。これは、教会内でのフットマンの務めである。

　そんなヘンリーの着ていた礼装はというと、「短靴、白いストッキングに黒いフラシ天の膝丈のズボン、硫黄色のベスト、金モールを飾ったあざやかなスカイブルーの上着」だった。彼のお仕着せは、村の少年少女から「カササギみたい」と嘲笑され、ずいぶん腹が立ったという。

　教会は、人びとのコミュニティの中心であった。村も町も、都会も田舎も、たいていの集落は教会のまわりに広がっている。鉄道駅などの新しい公共施設は、かえって外縁のほうにあることも多いのである。まだ信仰の力が強かった時代、日曜日の教会には「ご領主様」とその使用人、そして村に住む農夫も鉱夫も商人も、そろって足をはこんだ。つまり、日曜日の礼拝は、大邸宅の世界と地域住民の世界がふれあう機会であった。住む世界が違う者同士、そこにはいろいろなドラマが生まれたはずだ。

使用人舞踏会

「ご領主様」は自分の領地内に住む人びと

から奉仕を受ける。そのかわり、年間の労働の節目にあわせて酒や食事を振る舞い、彼らを慰労する習慣があった。「収穫祭《ハーベスト・フェスト》」や「農夫舞踏会《ファーマーズ・ボール》」。「羊の毛狩り会《シープ・シアリング》」。借地料の支払い日には「借地人舞踏会《テナント・ボール》」に食事会。大規模な「狐狩りの会」に地域住民の手伝いを頼んだときは、彼らにも食事や酒が振る舞われる。ただし、もちろん料理もワインも賓客に出されるものとは格差がつけられていた。このような機会には、領主の使用人は地元の人びとをもてなす側に回った。

借地人舞踏会。若き地主が、着飾った大柄の農場の妻とワルツを踊る。『パンチ』1887年4月30日。

アスター子爵夫人付きレディーズメイド、ロジーナ・ハリソン（左）が参加した使用人の仮装舞踏会。第二次世界大戦直後。

　クリスマスの時期や、家族におめでたいことがあったとき、たとえば子どもの誕生や二一歳の成人のときなどに、階上の祝いとは別に使用人の舞踏会を開く雇い主は多かった。たとえば一八九六年、チャールズ・クーパーは、仕えていた家の長女が結婚したとき、主人から大盤《おおばん》振る舞いがあったことをよく覚えている。

「私はあの結婚式の日を、いつまでも忘れないだろう。何もかも惜しみなく供され、家中のみんなにシャンパンが振る舞われた。使用人たちはこの稀少なお酒を好きなだけ飲み干した」

　この主人の場合、階上の客のための結婚《ウエディング》披露宴《ブレックファスト》の宴会料理は、仕出しも片付けも外部の業者に発注した。夕食にも火を使わない料理だけを用意させ、セルフサービスでとるようにした。すべては、使用人たちが仕事から解放され、お楽しみに専念できるようにという配慮であった。

　クリスマスパーティーなど、フォーマルな使用人舞踏会のときには、雇い主一家は階下に降りてきて、たとえば主人はハウスキーパーと、夫人は家令か執事と、カップルになってダンスの先陣を切った。また、家によっては、特別な名目がなくても、小規模なダンスの会を定期的に催すことが許されていた。

　舞踏会に臨むメイドたちは、わずかな手持ちの衣装のなかから、いちばんいいドレスで着飾ろうとした。すると普段の制服とのギャップが生まれる。常日頃は隔離されている異性と、音楽にあわせて一緒に身体を動かせば、恋のひとつやふたつ、簡単に芽生えたことだろう。けれど、執事やフットマンたちの恋は前途多難であった。

フットマンの職場恋愛

ゴードン・グリメットが初めて真剣に付き合った女の子は、大邸宅「ロンググリート・ハウス」で一緒に働いていたスティルルームメイドのアリスだった。ゴードンはランプボーイとして働きはじめたが、第一次世界大戦（一九一四～一八）が終わりに近づいていたこの頃、第三フットマンに昇進していた。

「今振り返って考えれば、私が彼女に射貫かれた部分は、ハートでなくて鼻だったのかもしれません。スティルルームからは、この世のものとも思われぬようないい匂いが漂ってきました。焼きたてのパンと、ビスケット、コーヒー、ラベンダー、ポプリやハーブが混ざり合った、とてもやさしい匂いがしたのです。たぶん、私が恋してしまったのは、愛しいアリスの全身を満たしていたその香りであって、かわいい顔でも、しっかりした体つきでもなかったのでしょう」

都合の悪いことに、スティルルームとハウスキーパー室は、螺旋《らせん》階段でつながっていた。アリスの上司であるハウスキーパーは、しょっちゅうスティルルームにやってきて、保存食作りに携わる。フルーツの砂糖漬け、ジャム、マーマレード、さくらんぼの瓶詰、ローズウォーター、スコーン、ケーキにペストリー。フルーツの瓶が並ぶ様子は、まるで「近衛兵の行列」のようだった。

ジャムを作る旬の時期がくると、ゴードンは、ハウスキーパーの目を盗んではスティルルームに立ち寄った。するとアリスは、作りかけのジャムからすくった泡を、バター付きのパンにのせて出してくれる。

ミセス・パーカーは、ハウスキーパーという役職にお決まりの鍵束を腰につけていたので、近づいてくると、じゃらじゃらという鍵の音で察知できた。それでも幾度かアリスといる現場を押さえられてしまう。叱っても改まらないので、彼女は家令に報告した。

ゴードン・グリメット。アスター子爵家の第二フットマンとして働いていた1921年の写真。子爵家の海辺の別荘にて。

「(家令の)ミスター・ブレイザーは、厳しい父親の役を演じ始めました。

『ゴードン、これまでに何度も、下半身の本能を克服するようにと言ってきたはずだ。これ以上、メイドたちに手をふれるのをやめなければ、解雇せねばならん』

『でも、サー、手などふれていません。ただ彼女たちに混じってパンとジャムを食べていただけです』

ミスター・ブレイザーは、そのほうがなお悪い、といった様子で悲しげに首を振った。

『以上だゴードン、行ってよし』

そんな調子で、甘い匂いに夢中になっていたアリスとは、結局、別れてしまったらしい。ゴードン・グリメットはかなりの遊び人で、その後「クリヴデン」邸のフットマンに転職してからも、スイス人の子ども部屋付きメイドや友達の恋人などに、次々と「手をふれて」いった。彼の見解では「子ども部屋付きメイドはフットマンの役得」だったそうだ。

ダンスの会で出会った女の子に対しては、ロンドンから来た楽団のミュージシャンを装うことにしていた。サックス吹きにしては手が荒れているわね、と指摘されたときには「ガーデニングをよくするからね」とごまかした。彼のなかではフットマンは女受けの悪い職業だったのである。

最終的に真剣な付き合いに発展したのは、同じ職場のポピーという女の子だった。庭師頭の娘で、邸宅内のフラワーアレンジメントを担当していた。二人の関係は、秘密にしなければならなかった。だからこそ盛り上がった面がある、と彼ははっきり述べている。通路をすれ違うときにこっそりと手をふれあわせ、秘密のメモを交換し、別々に出かけては人目につかない場所で待ち合わせする。ボートを借りて川を渡り、近くの町のメイデンヘッドまで出かけていった。

やがて慣れて大胆になり、デートの回数も増えて、二人の関係は公然の秘密と化した。そのことを知らないのは本人たちと女主人だけである。最後には、仕事中にサボって二人で映画を見に行き、ポピーのフラワーアレンジメントが晩餐に間に合わないという事態が起きた。父親の庭師頭が大急ぎでやってきて穴埋めをしたが、二人は解雇されてしまう。

これを機にゴードンとポピーは結婚した。クリヴデンの執事のエドウィン・リーとは良好な関係が続き、ほとぼりがさめてから、人手が足りないときには手伝いに呼ばれるようになったという。

解雇されてからしばらく、ゴードン・グリメットは「ライオンズ・コーナー・ハウス」と呼ばれる喫茶チェーンのマネージャー職についていた。彼らの場合は計画的な退職ではなかったが、給料やチップを貯金して、あるいはがっちり貯め込んでいる、コックやハウスキーパーをつかまえて、夫

女主人「ジェイムズ、さっき使用人ホールのそばを通ったとき、おまえがメイドにキスしているところを見たわ」ジェイムズ「はい、奥様――何時頃でしょうか?」女主人「四時頃よ」ジェイムズ「ああ、それでしたら相手はジェーンですね」遊び人のフットマン。『パンチ』1908年12月23日。

婦で商売を始める例はよくあった。定番の業種はパブやホテルである。たとえばロンドンの有名ホテル「ブラウンズ・ホテル」の創業者は、詩人のバイロン卿に仕えた執事と、卿夫人のレディーズメイドのカップルだった。使用人の世界を「卒業」して成功した例といえるだろう。

火遊びの顛末

恋愛の形はひとそれぞれだ。けれど、確実な将来の約束がほしい女の子と、束縛を嫌う男の子、という図式はしばしば発生した。ハンサムで背の高いフットマンたちは、若いうちは遊びたいものだし、出世のために頻繁に職場を変える必要もある。落ち着いて関係を築こうなどという考えにはなかなかいたらないものだった。

「この職場をやめたい理由はもうひとつあった。——第二ハウスメイドだ。この女性はだんだん独占欲を見せるようになってきていた。使用人ホールにいるとき、ほかの女の子に『おはよう』の挨拶でもしようものなら、テーブルの下で思い切り蹴ってきて、すねの骨が折れるかと思うほどだった。

1837年に元執事が開業したブラウンズ・ホテル。アガサ・クリスティが『バートラム・ホテルにて』の舞台のモデルにしたといわれる。伝統的なアフタヌーン・ティーのサービスで現在も名高い。

彼女が休暇をとったすきに、私は辞職予告《ノーティス》を出した。彼女が夜に戻ってくる予定の日、正午に立ち去った。この一件はよい教訓になった。同じ職場で働く女性に、おのれの愛情をうっかり与えるようなことは、二度とないようにしたのだから」

まだ二〇歳くらいの頃のアーネスト・キングの失敗である。彼女が休暇のうちに黙って去るという別れ方もたいがいなものだ。しかし彼はその後、もっと壮絶な他人の修《しゅ》羅場《らば》を目撃している。

大富豪マッキントッシュ氏のパリの家で執事をしていたとき、彼はフランス人シェフを現地で雇い、英国に連れ帰った。このゴルベールという名のシェフは、すばらしい晩餐を創り出すという国際的な名声を得ていた。しかし女癖がひどく、要求する経費の額も天文学的だった。それでも主人としては、友人からの晩餐の評価にはかえられなかった。

あるとき、英語も話せない若いフランス娘が、単身で乗り込んできた。アーネストがフランス語で応対したが、シェフが自分で話をつけるというので見ていたら、彼は娘を殴りつけたと思うと、手を引いて無理矢理タクシーに乗せ、一緒に出て行った。「新しいシェフを探さなければ」と考えていたところ、最寄り駅の駅長から電話が掛かってきた。

『すみません、恐ろしいことが起こりました！』と駅長は言った。

『恐ろしいことですって？』と私は聞き返した。『最悪の事態ですか？』

どうしてそんなことを聞いたのか今でもわからない。ただ娘の目に絶望の色が浮かんでいたことをのぞけば、あんな災厄が起きるなどと予測できる要素は何もなかったのに。しかし駅長は言った。

『まさに最悪ですよ。たった今、二人の遺体がライトウォーター安置所へ運び出されたところでして』

あとで聞いたところによると、敷地内の道の端まで来たとき、運転手は後ろの席から三発の銃声を聞いた。そこで半狂乱の体で駅まで車を走らせたのだという。娘がシェフに二発撃ち込み、それから銃口を自分に向けたのである。警察署で見せてもらったけれど、あんなに小さなリボルバーは見たことがない。銃には炸裂弾が込められていた」

メイドといちゃついているのを奥様に見とがめられた執事。「クリスマス・シーズンなものですから」気がゆるんだと言い訳。『パンチ』1921年12月28日。

吟味する女の子

遊び人のシェフやフットマンの態度には閉口するが、もちろん女の子も負けてはいなかった。エリック・ホーンは、少年時代に恋人がいたが、フットボーイとして働き出したとたんに振られてしまう。彼女は「お仕着せの下男《フランキー》」を恋人にするつもりはないと言い切ったのだ。そもそも会いに行く時間も作れそうになかった。

友人や家族を食事に招いてよいというお許しが出た。女主人「奥さんを呼んでもいいのよ」執事「ありがとうございます、ですが奥様、やめておきますよ」……なぜって、職場にはこんなに若い美人がそろっているから。『パンチ』1883年12月1日。

実のところ、一二、三歳の頃、エリックは自分の外見にかなり自信を持っていた。写真も似顔絵もないので真相は不明だが、聖歌隊をやめた当時の彼は「ふっくらした頬に青い目、くりくりの金髪巻き毛」の美少年だったそうである。しかし、そんな天使のような外見も、お仕着せのせいでアピールを失った。キャリアの浅いボーイやフットマンは、やはり彼氏候補としてさほど人気がなかったようである。

フレデリック・ゴーストが一九〇〇年頃から仕えたハワード・オブ・グロソップ家は、代々カトリックの家柄だった。主人のハワード卿は、スタッフを選ぶときにめずらしい基準を採用していた。女性にはカトリックのアイルランド人を、男性はプロテスタントのイングランド人を雇うことにしていたのだ。アイルランド男は深酒で問題を起こしやすいと考えていたからだが、フレデリックの経験からいえば、イングランド男のなかにもアイルランド男に負けない酔っ払いはいた。

フレデリック自身はプロテスタントの一教派の教会に通っていた。男女で教派は違っても、スタッフの雰囲気はよかった。なかでも、キッチンメイド頭のジュリア・ドナヒューとはとくに気が合って仲良くなった。もちろん敬虔《けいけん》なカトリック信者のアイルランド娘で、ずば抜けて可愛く、ユーモアがあり、人を見る目もすぐれていた。

『あたしのいい人にしてあげようかって、もう少しで考えそうになることもあるのよ、フレディ』大きな黒い瞳にいたずらっぽい光をたたえて彼女は言った。『もしあなたが五歳年上だったとしてよ、正しい信仰に転向するならね！』

『でもジュリア』と私は言い返した。『いつかは僕も、五つ年をとるはずだけど。残念ながらそのときも、プロテスタントのままだと思うよ』

可愛くて鋭いジュリアにとって、まだ若く、教派も違うフレデリックは、いくら気が合おうと「対象外」だった。冗談めかしたやり取りを交わしつつも、彼女たちは男の将来性を冷静に見極め、よい結婚ができる相手、メイド暮らしを抜け出せる相手を捜し求めた。

男性使用人のほうも、妻や子どものいる暖かな未来を想像しないわけではなかった。けれど、ひとときの遊びや恋人関係以上に、結婚への道は険しかった。

既婚の執事は嫌われる

一八八〇年発行の『使用人の実用的ガイド』は、使用人の仕事内容や扱い方などを解説した手引書である。執事からメイドまで、職種ごとの仕事内容について、それぞれ章を割いている。しかし、たとえば家令とグルーム・オブ・チェンバーズと従者はひとつの章にまとめてある。猟場番人の項は、庭師と抱き合わせでいちおうはあるものの、「本書の範疇外」として仕事の内容にほとんどふれていない。このように、真

流行小説にかぶれたメイドが、彼氏のフットマンに迫る。「お話みたいに、お嬢様のために私を捨てたりしないでね？」『パンチ』1863年5月2日。

「奥様にはもう我慢できない」と辞めていく男性使用人に「こっちはどれだけ我慢してるか考えてもみろ」という主人。立場は違えど結婚生活に対する考えは同じ？　『パンチ』1877年11月3日。

「でも、どうして結婚なんかするんだ、ジョーンズ？」「それは、旦那様、わたくしの名を絶やしたくないのです」――ちなみに「ジョーンズ」は日本の「鈴木さん」くらいの多数派。『パンチ』1920年代。

の上流家庭でなければ雇えないタイプの男性使用人の説明が端折《はしょ》られていることから、この本の読者として想定されていたのは、下層中流階級の奥様と、使用人自身であったことがうかがえる。

さて、この手引書で、「執事の仕事」の章を参照すると、一ページ目からいきなり「既婚の執事を雇うことを嫌う主人や女主人もいる」という記述に行き当たる。嫌われた理由としてあげられているのは、まず、既婚の男は、自分の家族とできるだけ長くすごしたがるので、必要なときに主人のそばにいないおそれが出てくること。妻子の扶養に資金や労力を奪われて、独身男のようにお洒落に装わなくなること。そして何より、家族のために雇い主の財産に手をつける危険性である。

エリック・ホーンは、結婚したあと、勤め口の選択肢が狭まってかなり苦労した。

「さて、執事にとって結婚は自殺行為にほかならない。まず前提として、彼は雇い主に首根っこをつかまれている。結婚したら、いわゆる扶養家族というものを持つことになる。そして独身のときほど気軽に職を移れなくなるのだ」

遠方に職がみつかったら、妻と家財道具をともなって移動しなければならない。領地内のコテージを与えられて住むことになるのかもしれない。家族の住居を握られているということになれば、多少嫌なことがあっても我慢しなければならなくなる。逆に、根を下ろして家庭生活を築こうとしたところで、何かの拍子に解雇されれば即座に立ち退きを迫られることになるのだ。

フットマンなどの下級使用人に比べれば、執事や上級使用人は、私生活の自由が許容されることが多かった。執事とハウスキーパー、あるいはコックのカップルが、既婚者用の宿舎を与えられて同じ職場に雇われる場合もある。ただし、エリックに言わせるとここにも罠があった。雇い主は「二人のスタッフを、一人分の給料で手に入れることができる」というのである。

片方が無給というほど年収が下がるわけではさすがにないとしても、既婚の執事のキャリアが不利になることは確かにあった。エリック自身も、結婚したあと、紹介状と仲間の口コミでつないできたそれまでの経歴が先細りになって苦労している。

アーネスト・キングの家庭生活に対する見解は、以下のようなものだった。

ゴードン・グリムレット（左）とエドウィン・リー（右）、中央はリー夫人。遅い結婚で幸せをつかんだ名執事。

「理想の執事とは、家庭生活を持たないものだ。妻を持つことも許されない。たとえ結婚したにしても、妻は存在しないもの、目に見えないものとして扱わなければならなかった。彼女は姿を見られてもならないし、声を聞かれてもいけない。話題にすることも許されない、都合の悪い夫の従属物なのだ」

アーネスト自身の妻がどういう人であったか、回想録のなかでふれられることはほとんどない。ときには外国で離れて暮らし、善良で貞節な手紙を頻繁に寄こしたことと、身体が弱かったらしいことが読み取れるくらいだ。

彼女たちの立場で考えてみれば、執事と結ばれたなら、ずいぶん寂しい結婚生活になりそうである。それをさけるためであろうか、執事は晩婚を選ぶ傾向があったようだ。

それぞれのハッピーエンド？

エドウィン・リーは、一二四歳のときから半世紀以上、二代にわたってアスター家の人間に仕えたが、同家の電話係をしていた女性と結婚したのは、六〇代も半ばをすぎてからだった。一九五二年に、主人のアスター子爵ウォルドーフが世を去った、その翌年のことだ。リーは言う。

「エミリーは私が、長年のあいだ毎日ずっと見つめつづけてきた人でした。私は結婚を遅らせました。私も女性を好んでいたことは否定できません。しかし、好むというだけでとどめておくように自分を律していました。私の仕事生活に妻として適応できる、というより、適応しようと考える女性など存在しないと思ったのです」

彼は主人が死去した翌年、海辺の街に家を買って結婚した。そのまま引退するつもりだったが、実際にはその息子に請われてしばらく執事の生活を続けることになる。

恋愛も結婚も、周囲の環境を見て、計画的に進める必要があった。ジョージ・ワシントンは、一九三五年から「ディッチリー・パーク」邸の第一フットマンとして働きはじめる。このとき彼は密かに思うところがあった。

「フットマンが結婚するのは無理だったし、従者でもダメです。けれど、執事として雇われることができるときが近づいているのはわかっていました。そうすると、結婚が許されて、カントリーハウスの領地内に建つコテージで暮らせるようになります」

この段階にいたって彼は、もし好きな人ができたときには、進展させてもいいだろうと考えはじめた。それまでは女性と長期的な関係は作らず、遊びに徹していたのである。目をとめたのは、六歳年上のレディーズメイドのフリーダだった。従者に昇進したときに、やっと同格に話せるようになり、ゆっくりと親交を深めていった。

あるとき、ようやくプロポーズをしたが、答えはノーだった。彼女が年の差を気にしているのだ。「五年後にもう一度訊ねてくれたら、イエスと言うわ」とフリーダは答えた。ジョージ・ワシントンは転職し、二人は離れ離れになる。しかし、彼は日付をしっかりメモしておき、五年後の同じ日に電話で二度目のプロポーズをした。そして約束は果たされたのだ。彼女と結ばれた喜びを、彼は「人生最良のできごとだった」と回想している。二〇世紀初頭の家事使用人社会における微妙な上下関係や、彼らの人生設計がかいま見えるようなエピソードである。

貴族や地主、大富豪の間近に仕えることは、自分の時間をすべて彼らに捧げ、彼らの生活の一部に組み込まれてゆくことを意味した。執事や上級使用人の多くは、それを甘んじて受け入れていた。可愛い彼女やハンサムな彼氏とのプライベートな時間を持てなくてもよい、私生活を失ってもよい、あるいは先延ばしにしてもよいと、そう感じるほどのメリットがあったということだ。彼らは何を欲望し、何を良しとしていたのか。残る章で探究していきたい。

邸宅「ディッチリー・パーク」にフットマンとして勤めていた時代のジョージ・ワシントン。なかなかの女たらしぶり（?）。

column

インドア派の執事たち

使用人ホールの気楽なダンス。向かって左奥の男性使用人がコンサーティーナと呼ばれるアコーディオンの一種をひいて歌い、メイドはエプロン姿のまま踊りに興じる。『イラストレイテド・ロンドン・ニュース』1886年。

1860年代、手軽な小型の名刺判写真（カルト・ド・ヴィジット）が大流行。トマス「黄色い制服が黒く写っちまうのが残念だな！」『パンチ』1861年7月20日。

コレクションから語学まで

屋内男性使用人は、待機時間が総じて長めである。そこで、さまざまな、あまりお金をかけずにできる、罪のない暇つぶしに興じる人は多かった。一九世紀末に使用人の生活に入ったチャールズ・クーパーは、古きよき時代に出会ったフットマンたちの趣味について語っている。

「紋章入りのお仕着せのボタンを集めて、それをケースに入れておいたり、レターセットの紋章を集めてアルバムに貼ったり。透かし彫りをいれた木で、棚や、パイプ置きや、絵の額縁やその他もろもろをつくり、フレンチポリッシュ（*シェラックワニス。動物性天然樹脂の光沢仕上げ剤）をかけたり。シルク糸や毛糸の刺繍をしたり。語学を勉強する者もいた。これは良い勤め口につくためには役立つはずだった。たとえば、よく海外旅行をする主人の従者になるために」

お仕着せの金属製ボタンには、その家ごとの家紋が刻印されている。おそらく、切手やトレーディングカードのように、フットマン同士で交換し合って集めたのだろう。

1930年に生まれ、1960年に執事になったピーター・ホワイトリーとその家族。エリック・ホーンと同様、編み物が趣味であったらしい。

多趣味すぎる執事

手芸にかけてはエリック・ホーンも負けていない。ある職場で彼は、かぎ針編みを教わった。

「やがて私は、レース編みと毛糸編みでは、どんな女の子にも負けないほどの腕前になった。使用人をしていた期間で、私は何十着もの赤ちゃんの上着を編んだ。実際のところ、女性たちはこのちっちゃな上着を手に入れるために競って赤ちゃんをこさえていたんじゃないかと思う。お年寄りのための肩掛けにもリクエストは絶えなかった」

エリックには、少年時代に聖歌隊できたえた音楽の素養があった。階上の音楽会で歌ったり、慈善芝居に女装で出演したこともある。楽器の演奏も好きで、初めはコンサーティーナと呼ばれる古風なアコーディオンを愛用していたが、のちにはヴァイオリンに持ち換えた。たいていの職場では午後に三、四時間の暇があったので、習う時間がとれたのである。

従者に昇進し、主人についてあちこちの邸宅を訪問するようになると、あらゆる家でダンスの伴奏を頼まれた。

「二度目に訪ねた家の使用人は、必ず開口一番に『フィドル（＊ヴァイオリンの庶民的な言い方）は持ってきたよね？』と聞いてきた。いくら疲れていても、夕食後に使用人ホールでダンスができないほど疲れるなんてことはなかったのだ」

つまり、遊びに使うエネルギーは仕事とは別腹なのである。

さらに彼は、暇にまかせてカメラの使い方も覚えた。パーティーの記念写真を撮り、現像して台紙に貼って渡せば、謝礼がもらえてかなり潤ったという。初めは一枚一シリングで。言い値でいいと言われたときは八枚一組で一ソヴリンも取った。プロのカメラマン並みの値段である。

私生活には恵まれず、身長が足りないせいかキャリアも伸び悩み、エリック・ホーンの回想録は、全体的に愚痴っぽい。しかし、仲間とすごした余暇の描写は、活き活きとして楽しそうだ。歌、楽器、手芸に写真と、実に多芸な執事であった。

第6章 chapter 6 執事の余暇

女主人「ジェイムズ！　驚きましたよ――」ミスター・ジェイムズ「私もです奥様！お出かけだと思ったのに！」ヴィンテージのポートを勝手に飲んでいるところを見つかった執事。『パンチ』1885年4月18日。

第7章 執事の堕落

アルコールという魔物

「私の身の上話は、これから、あまり自慢できたものではない部分に突入します。けれど、ここを語らないですませることは、偽りの人生を生きるのも同然のことなので す。執事として、ときにはとても大きな邸宅を二つ同時に運営する必要が出てきました。使えるスタッフといえば、まったく訓練を受けていないか、中途半端にしか仕事を覚えておらず、しかもその多くは外国人。わが国のやり方を知らず、特異な習慣のある人びとばかりです。私は過大な負担を感じるようになりました。そして、安易な逃げ道を選んでしまいました。とくにひどい疲れを感じたときには、蒸留酒を一杯ひっかけることで、午後の仕事をどうにか乗り切っていたのです。効果はありましたが、ほかの中毒者たちが歩んできた道と同じように、一杯は二杯になり、酒量はしだいに増え、疲れや苛立ちが逆に飲酒のせいで引き起こされるようになりました。それからはあっというまで、自分の身に何が起こりつつあるかはわかっていましたが、もはやコントロールは不可能でした」

雇い主（応募者に）「私はセラーにはうるさいほうだ。ワインはわかるんだろうね？」執事「ええ、わたくし以前の職場ではなかなかのワイン通として知られておりまして」テイスティングのしすぎですっかり顔が赤い。『パンチ』1900年10月10日。

仕事のストレスから飲酒に走ったピーター・ホワイトリーの、痛々しい告白である。彼が話しているのは、人手不足に悩まされた一九七〇年代のできごとだ。しかし酒への依存は新しいものではなく、執事や男性使用人たちの伝統的な職業病であった。

　執事は日頃、ワインセラーの管理を任され、テイスティングも行う。従者は請われればいつでもカクテルを作ったし、夜には部屋まで寝酒を届けた。シェフたちは料理に使うという名目で上等なワインを階上から取り寄せ、半分しか使わずにあとは自分で飲んでしまった。宴会場で残ったワインは、グラスをさげるフットマンの胃袋に消えた。男性使用人と酒の縁は、切っても切れないほど深かったのだ。

　このように酒に近づけるスタッフを、雇い主たちは常に疑いの目で見てきた。ワインセラーを我が物にする執事を描いた諷刺漫画にはこと欠かない。むしろ執事という言葉には、中年で太鼓腹、赤ら顔の酔っ払いというイメージが付きまとっている。そして主人の疑いも、諷刺画のイメージも、総じて現実に即していた。アーネスト・キングの語りがそれを裏付けている。

「『飲酒は労働者階級の呪いであり、労働は飲酒階級の呪いである』という言葉がある。酒がもとで死んだ執事とフットマンを一人ずつ知っている。多くの保険会社が、酒に近づきやすいという理由で執事の保険引き受けを拒否している。実際、私が初めて生命保険に加入しようとしたとき、担当者は、職業の欄に、執事ではなく従者と書くように助言した。そのほうが確実に受理されるからだ」

酒が招いた喜劇

深刻な問題ではあるが、ひとごとなら笑い話にもなる。執事たちの回想には、同僚や上司が酒で大事故を起こした逸話が、まず例外なく含まれているものだ。

　チャールズ・クーパーが駐英ドイツ大使の家に第一フットマンとして勤めたとき、ちょうどエドワード七世の戴冠式（一九〇二年）にぶつかった。彼と第二フットマンは、儀式用の馬車《ステート・コーチ》の後部ステップに立ち、ウェストミンスター寺院まで帯同した。合間にパブに行くと、そこも人だらけである。そして第二フットマンは、祝祭の雰囲気につられて飲みすぎてしまったらしい。

「カールトン・ハウス・テラスに戻ってくるまでは、調子よく行っていた。私はステップを降りて馬車のドアを開けた。しかし、ふと目をやると、第二フットマンが危機に陥っていた。つまずいて側溝に転げ落ちていたのだ。羽毛のついた三角帽は宙を飛び、靴《パンプス》が片方脱げてしまう。必死につかんで座り込みながら帽子と間違えて靴をかぶってしまった。まわりに集まっていた人びとがどっと喝采し、誰かが彼に手を貸して立たせてやっていた」

この喜劇的瞬間を大使閣下は見なかったものの、第二フットマンが醜態をさらしたことには気づいていた。執事が厳重注意をしたが、クビまでは至らなかった。しかし、馬車の付き添い業務には二度と出されなくなり、その分の仕事はすべてチャールズ・クーパーがすることになった。

ほかの人たちの証言でも、客の目の前で倒れてそのまま眠ってしまったとか、洗い物が面倒なので、高価なグラスが満載のトレイを窓から投げ捨ててしまったとか、そんな話は枚挙《まいきょ》にいとまがない。ペパーミントの葉やコーヒー豆を噛むことで、酒臭い息をごまかすという小技も伝わっている。男性使用人といえば酒で問題を起こすものという見方が固まっているのも無理はない状況である。

ヴィクトリア時代やエドワード時代の当時は、酒に酔って主人に損害を与えれば、紹介状も猶予期間もなく即刻解雇されても文句は言えない。酒におぼれる彼らに理解と思いやりを示す人はまれだった。

本章冒頭にあげたピーター・ホワイトリーの女主人は、彼の問題が表面化したあと、費用を払って彼を治療施設に入れ、酒が抜けて戻ってきてからも雇いつづけている。ただし、これは一九七〇年代以降の話である。時代が移るにつれて雇用関係の意識が変わり、アルコール依存は道徳の問題ではなく病気であるという認識が広まっていた。

ギャンブルにはまる

男性使用人のあいだでは、酒や女遊びと

劇場から帰ってきた主人「なんだジャイルズ、お前――酔っているじゃないか！」ジャイルズ「ええ、そうだとしたら、誰の過失ですかね？　あなた様のワインですぞ！」責任転嫁にもほどがある。『パンチ』1898年12月24日。

運転手にも、とシャンパンを勧めさせたが、そのまま引き返してきたフットマン。「1911年以降の酒はいっさい口にしないことにしているそうでございます」『パンチ』1921年7月20日。

ヨークシャー西部にある18世紀の邸宅「ノステル・プライオリー」。

執事「おそれながらお暇をいただきます。ルーレットとバカラなら賛同いたしますが、お客様がサイコロ賭博など……下層階級の好みではないですか」階級意識の強い執事。階上と階下では選ぶギャンブルも違う。『パンチ』1922年1月4日。

ならんで、賭け事も問題になりやすかった。第2章で見たとおり、競馬は伝統的な上流階級のたしなみであり、また庶民の気晴らしでもあった。とくに、競馬場が近くにあったり、雇い主が競走馬のオーナーであったり、競馬とのつながりの深い家では、ギャンブル熱は蔓延しやすかったようだ。

ヨークシャーの邸宅「ノステル・プライオリー」は、有名なドンカスター競馬場から車で三〇分ほどの距離にある。現地で紹介されていた情報によれば、この家では一八八〇年の後半、ふさわしい執事を見つけるのに多大な苦労を重ねていたという。一年と少しのあいだに、何人もの執事が立て続けにクビになっているのだ。一八八八年九月、ミスター・J・トンプソンが「泥酔のため三週間の事前予告で解雇」。一八八九年六月にはミスター・ノッブスが「自室にて深夜までカードパーティーをしたため」解雇。そして一八八九年一〇月、ミスター・ベネットは「ドンカスター・レース・ウィークで飲みすぎて」ほんの数か月で解雇されている。

馬主は貴族であり、レースに出す馬の世話を担当するのも彼らの使用人である。ジョッキーや厩舎スタッフからの「確実な情報」は、親戚や友人や使用人仲間の情報網をかけめぐり、ギャンブル好きの使用人は浮き足立って、つい自分が払える以上の額を賭けてしまう。やがて多額の借金に苦しむことになる。そのとき彼の目の前には、輝く金銀の食器や、何気なく置かれた高額紙幣、手の中に隠しやすそうな装飾品や宝石などがあふれているのだ。誘惑に負けるのは時間の問題だった。

エリック・ホーンが伯爵家のフットマンをしていたとき、上司の執事はこのパターンで破滅に追い込まれたという。

「〈十分な長さのロープを渡せば、人は勝手に首をくくる〉ということわざがある。そう、彼はまさにそれだった。私が去って半年後、彼はその家をクビになった。なんとか別の伯爵家に再就職したものの、そこでもまだ〈お馬さん〉と手を切ることはできなかった。

社交期のために雇い主がロンドンに着いたとき、応接間を飾る品、すなわちアンティークの懐中時計、ブローチ、メダル、宝石、その他もろもろの小物類は、専用の貴重品保管箱にしまってあるはずだった。しかし、所定の位置にまったく飾られていない。伯爵夫人が出すように言ったが、出てこなかった。鍵が見つからないのです、と執事は言う。ついに業を煮やした伯爵がみずから作業室《パントリー》にやってきた。それでも執事は、まだ鍵がないと言うだけだ。

　伯爵は大工を呼んで、箱をこじ開けさせた。中身はからっぽ。ヴァインストリートの警察署から二人の私服警官が呼ばれ、執事はあらいざらい白状した。大量の質札を持っていたが、ほとんどの品はすでに流れていた。裁判で有罪になり、六か月の刑を言い渡された。

　最後に彼の消息を聞いたのは、北ロンドンのパブの外で、馬の頭を押さえる係をやっているというものだった」


　つまり、前科者になったこの執事は、個人宅で雇われることは不可能になり、ストリートチルドレンも同様の仕事で日銭を稼ぐところまで落ちぶれてしまったのである。

主人のものは私のもの

　盗んだものを質に入れたとすれば、競馬に勝ったら品物を請け出して、何事もなかったかのように戻しておく意志があったということだ。しかし、躊躇《ちゅうちょ》なく故買屋《こばいや》に売り飛ばす者もいたし、消費すれば証拠がなくなるものを選んだり、気づかれないよう長年かけて少しずつ取ったりするような巧妙な横領犯も多かった。

　使えばなくなるものの代表は食べ物である。日常の食事は支給されるし、まじめに仕事をした結果として発生する「廃棄物」を自分のものにするのは許容された。そこで、少し余分に取って家族に送ったり、「廃棄物」に新品を混ぜ込んで増やしても、使用人側の罪の意識は総じて薄かった。

　第5章でふれたように、ジョージ・ワシントンは、ワインのコルクと瓶を売って、なかなかの貯金をつくった。スティルルームメイドだった恋人のメイジーの実家を訪ねたときには、その金で、近所の店ではめったに買う人もいないような贅沢な子羊の脚肉を手配して、プレゼントすることもできたのである。この贈り物は、彼女の家族

女主人「おまえ、ワインに手をつけるなんて！」ロバート「お許しください奥様、ただ御主人様の健康をお祈りしてただけなんです！」ページボーイまで。『パンチ』1866年5月19日。

通いの掃除婦に酒を一杯出しても良いという許しをいいことに、最上級のポートワインを振る舞う執事。しかし彼女は「そりゃ、いつもあたしが飲んでる下剤よりは美味しいんでしょうねえ」『パンチ』1901年9月25日。

ジャムを失敬するところを見つかった女の子。「とってもごめんなさい、マミー。でも、こういうちょっとした間違いって、必ず起こるものでしょう」大人びた少女の言い訳は、使用人の窃盗が珍しくなかったことを暗示する。『パンチ』1922年3月29日。

をいたく感動させた。メイジーはウェールズの貧しい炭鉱町の出身だった。父親は炭鉱で働いていたが失業中で、弟妹も多く、生活は苦しかった。

　それからというもの、ジョージ・ワシントンは、食べ物が足りないからといって不満を言うことはいっさいやめた。二人はロンドンに戻ってから、定期的に彼女の実家へ食べ物を送るようになった。良き目的があるのだから、「キッチンから食べ物をかすめとっても、まったく恥とは思わなくなりました」という。

　銀の食器、金のライター、宝石、ブランデーやワイン、高価な香水。贅沢な生活をおくる主人の身のまわりの品々は、価値があって持ち出しやすいものから窃盗《せっとう》の標的になった。一九世紀の半ば頃、ある邸宅では、メイドたちが枕の羽毛を盗んでいた。そして、その家の執事とハウスキーパーは、最高級の陶磁器を持ち去っていたという。

　従者やレディーズメイドには、主人たちから不要になった衣服をもらえるという「役得」があった。しかし、不要になったかどうかを確認せず、だまって自分のものにしてしまえば、それは窃盗である。

　ゴードン・グリメットは「クリヴデン」邸のフットマンとして働いていたとき、滞在客の従者役をたびたびつとめた。客のひとりに、当時の有名イラストレーターであるチャールズ・ダナ・ギブソン氏がいた。彼は女主人ナンシー・アスター夫人の姉アイリーンと結婚していたのである。来るといつもかならずたっぷりとチップをくれ、ネクタイを何本か放ってよこした。「捨てておいてくれ、ゴードン。もういらないから」というが、捨てるほど悪くなっているようには見えない。執事のミスター・リーは「それが育ちのよい紳士が古着をプレゼントしてくれるときの言い方なのだよ。とっておきなさい」と教えてくれた。

　タイをもらうことに慣れたゴードンは、出発する紳士たちの荷物を詰めるとき、いくらかのアイテムを「偶然」入れ忘れるようになった。結果、彼は「シャツ、ベスト、下着と靴下のちょっとしたコレクション」を築くことになる。そんなある日、洗濯をしているところへミスター・リーがやってきて、客の紋章がついた服を見とがめた。たとえば路上で襲われ、意識不明で病院に運ばれたとしよう。服の紋章がほんとうの身元だと勘違いされてしまうおそれがある。「そうなったら大問題だ。たとえ貴族の

方々がほんとうに服をくれたのだとしても、おまえがその紋章の持ち主を装うことまでは想定していないはずだ」

上司の警告は、さほど効果を及ぼさなかったらしい。「入れ忘れ」をやめることはなかったからだ。ただ、もっと慎重にやるようになっただけである。

アーネスト・キングも、ド・ウィッチフェルド家で働いていたとき、服を失敬するメイドに遭遇したことがある。彼女は盗んだ服を、小包で外部へ発送していた。イニシャルの刺繍は切り取って、証拠隠滅も完璧だ。発覚したときには、主人のクローゼットのひとつがほとんど空になっていた。計画的で大規模な犯行であった。

フルーツの誘惑

スタッフの窃盗に目を光らせていたアーネスト・キングだが、そういう彼自身も、若き日にはちょっとした「過ち」を犯したことがある。温室で育てられた、その年初めてのイチゴを、誘惑に負けて食べてしまったのだ。がまんできずに二つ目を口元に運んだところ、後ろから声をかけられた。

「アーネスト、ほどほどに頼む！　私の分も少し残しておいてくれよ」——主人はそれだけ言って去っていった。彼にとって「生涯一度きりの窃盗」であった。

晩餐のテーブルを飾る珍しいフルーツの色や香りは、それを運び、盛り付けるフットマンたちにとって、誘惑の種であった。これもまたれっきとした主人の財産であり、手をつけたことが露見《ろけん》すれば、重大な結果につながりかねない。ところが、自分自身のそうした行為を回想録のなかで語る場合、気前よく許してもらえたとか、うまくばれずに切り抜けた、というような「落ち」をつけることが多いのだ。

フレデリック・ゴーストの場合、問題は桃である。彼が若手のフットマンとして働いていた「カーデン・パーク」邸の名物は「地主様のペルシア桃」だった。昼食のテーブルを片付けていたところ、バスケットのなかに、まるでロウ細工のように美しい桃を見つけたフレデリックは、つい手を伸ばし、ひとつ食べてしまった。あまりにも美味しかったので、口の中の種をしゃぶりながら作業を続けていた。ふと目をあげると、戸口にいつのまにかハウスキーパーが立っている。

どうしよう？　吐き出したらばれる。噛

ロンドンでも最大級のタウンハウスだった「グロヴナー・ハウス」で、贅をつくした晩餐の準備をしているフットマンたち。金銀の食器、大理石の彫刻、そして花とフルーツ。

生花が飾られ、中央に堂々たるフルーツが盛られた食卓。社交界の描写を得意としたジョルジュ・デュ・モーリエの諷刺画。

み砕くこともできない。進退きわまり、フレデリックは種を飲み込もうとした。すると、そうなるんじゃないかと恐れていたとおり、種は喉に詰まってしまう。墓石の文言が脳裏をよぎった。「盗んだ桃により命を落としたフレデリック・ゴースト、ここに眠る」——しかし、すんでのところで気づかれて、大量のパンとひまし油を飲み込んで事なきを得た。

フレデリックは、転職を重ねて出世を果たし、やがて王室フットマンになる。ポートランド公爵家のロンドンのタウンハウスでは、王を迎える晩餐のときには、カントリーハウスのブドウ園で育てた特別なブドウを取り寄せていた。金の浅皿に美しく盛り、粒を切り離すための金のブドウばさみも用意する。

この貴重なブドウが、あるとき盗まれてしまった。王の宴席には別のフルーツを出して乗り切ったものの、翌日、フレデリックは、追加要員として宮殿から派遣されたフットマンが盗んだことを知る。この男は、晩餐会の日に盗んだブドウを、作業室の扉付きシンクにこっそり隠していた。そして翌朝、フレデリックがひとりでいるところにやってきて、目の前で堂々と回収したのである。誰かに言ったらただじゃおかない、と男はすごんだ。そして、結果は盗人の希望のままになった。家令が五ポンドの懸賞金をかけて情報を募っても、フレデリックは報告しなかったのだ。

「いくらお金を積まれても、私は使用人仲間を売るような真似はしない。もし高価な金の食器が盗まれたのだったら、受け止め方は違っただろう。けれど、ブドウは私にとって、密告者のそしりを受けてまで守るほど重要なものではなかったのだ」

「仲間の情報を上に伝えること」は、階下では何よりも憎まれる行為である。ブドウを取り戻して主人や家令にほめられることと、仲間に嫌われ、その後ずっと針のむしろで働くことを天秤にかければ、彼の答えはおのずと出てくるというものだった。

現金の横領

アーネスト・キングの知っていたある貴族には、真新しいパリパリの五ポンド札の束を持ち歩く習慣があった。毎晩、使わなかった分をサイドテーブルに置いて寝るのだ。
「ある朝、自分の家で目を覚ましたとき、彼は、紙幣が四枚しかないのに気がついた。たしかに前の晩には五枚あったはずだ。彼は従者を呼んだ。三〇年近く仕えてきた男である。追及すると、恥じ入った様子をする。さらに強く問い詰めたところ、その従者は毎晩一枚ずつの五ポンド札を、何年もの間、着服しつづけていたことがわかった。

パーティーを開くときだけ、近所の青果雑貨店の店主を連れてきて急ごしらえの執事にする家。しかし、ドレス姿のお客に自分の店の営業活動を始めてしまう。『パンチ』1871年カレンダー。

……当然、彼は刑務所に送られた？　いや。解雇はされたが、寛大にもその貴族は自分の領地に住むことを許したのだ」

一日五ポンドずつ数年間、休まず取り続けたとしたら、大変な額になったはずだ。

そこにある現金に手をつけるだけでなく、帳簿をごまかして巨額の横領をする者もいた。多くの家では禁じていたものの、納入業者を選ぶ見返りに、相手から一定の割合で手数料をとるという「申し合わせ」を行うシェフやコックはあとをたたなかった。

ノーフォークのホーカム・ホールでは、一八世紀末から一九世紀初頭の時期、領地のマネージメント業務を、主人のトーマス・コーク氏がみずから行っていた。コールドウェルという名のランド・スチュワードが、借地人から多額の賄賂《わいろ》を受け取り、一〇万ポンドも蓄財しているという疑惑が浮上したのだ。雇い主から直接お金を奪ったわけではないが、大幅な地代の中抜きをしていたも同様である。さいわい、一八一六年には信頼のおける有能な人材が見つかった。コーク氏は新しいエージェントのフランシス・ブレイキーと協力し合い、領地の収支を好転させていくのである。

死刑台への道

金や持ち物にダメージがあっても、命までとられるわけではない。けれど現実には、使用人による主人殺害の例も、少数ながら記録に残っている。

一八四〇年、フランソワ・クールヴォアジェの起こした事件が、とくによく知られている。彼はスイス人の従者で、ベッドフォード公爵の血縁者であるウィリアム・ラッセル卿に仕えていた。この主人は気難しく、日頃から些細なことでクールヴォアジェを叱責していた。犯行当日の真夜中、主人は呼び出しベルで従者を呼ぶ。彼は気を利かせてベッド温め器（*ウォーミング・パン。金属製で長い柄のついた、ふた付きのフライパンのような器具。熱した石炭を中に入れ、ベッドをなでつける）を持っていったが、卿はそのことを叱り、何の用事か先に聞きに来いと言った。しかし二〇分ほどたつと、またベルを鳴らしてベッド温め器を要求し、もっと注意深く働けと嫌味を言った。やがてウィリアム卿は晩餐室に降りてゆき、クールヴォアジェを役立たずと罵《ののし》って、解雇を言い渡した。ほどなくクールヴォアジェは、サイドボードにあったナイフを取って主人の寝室に行き、卿の首を半分切り落とすくらいの深さまで切り裂いて、自分のベッドに戻ったのである。

　クールヴォアジェは、一〇ポンドの現金と、金と銀でできた品物をいくつか盗んだ。しかしそれは強盗のしわざに見せかけるためであって、真の目的は明らかに金ではないだろう。こき使われ、侮辱され、プライドを傷つけられた恨みが積み重なっていた。そして、無能の烙印を押されたまま解雇され、未来への道が閉ざされて、逆上したのだ。

石炭の燃え殻を入れたベッド温め器を手に持ち、寝室があくのを待っているハウスメイドたち。おそらく19世紀初頭。

　忠実であるべき従者がこともあろうに主人を惨殺したという事件は、センセーションを巻き起こし、彼の公判には多くの貴族が集まったという。

　クールヴォアジェはニューゲイトで絞首刑になった。一八六八年に法律で規制されるまで、死刑執行は一般に公開されており、おおぜいの人が観賞する民衆娯楽であった。見物人のなかには『虚栄の市』のウィリアム・サッカレーや、チャールズ・ディケンズなどの作家もいた。ヴィクトリア時代の中期から後期にかけて、犯罪、とくに殺人事件、不倫、狂気と謎を詰め込んで読者の興味を煽る「センセーション小説」が流行する。世間の耳目を集めたこの事件は、そうしたフィクションの源流のひとつとなったのではないだろうか。

　家事使用人の仕事につけば、食事と住まいは保証される。労働時間は現代の感覚では長いものの、仕事の内容については、農業や鉱業など、同時代のほかの男性たちがついていた職業と比較して、ことさら肉体的にきついものだったとは思われない。性的欲求に関しては規制があるが、職場には常に若い女性が大勢おり、外部に女を求めることも工夫次第だ。つまり、大邸宅の男性使用人は、身体をめぐる基本的な欲求に関しては、それなりに高い水準で満たされていたといってもよいのではないだろうか。それでも最終的に満足できず、使用人をやめて去っていくのだとすれば、転業なり、転落なり、いったい何が足りなかったというのだろう。

　個人が個人に仕える仕事では、多くのことが雇い主の意志に左右される。最後の章では、主人との関係について検討しよう。

絞首台を取り囲む大勢の見物客。19世紀初頭、公開処刑は娯楽であった。瓦版に繰り返し使われたという汎用の版画。

column

20世紀の殺人執事、ロイ・フォンテーン

1978年に終身刑の判決を受けたロイ・フォンテーン（アーチボルド・ホール）。ノーマン・ルーカス&フィリップ・デイヴィス著『怪物執事（Monster Butler）』(1979)より引用。

「怪物執事」の来歴

「私は泥棒だ。これまでもずっとそうだった。ご想像のとおり、とても上手い泥棒だった」

二〇〇二年の一〇月。アーチボルド・トムソン・ホール氏の訃報が報じられた。一九二四年、グラスゴー生まれ、享年七八歳。自分でつけた偽名はロイ・フォンテーンといった。彼には犯罪者としての異名もある。「怪物執事《モンスター・バトラー》」。一九七〇年代に、金持ちの家に執事としてもぐりこみ、五人もの人間を殺害したと言われている。一九七八年に終身刑の判決を受け、以来、病死するまでの四半世紀を、ずっと獄中で暮らしてきた。

一九四〇年、一六歳のとき、彼は勤めていた商店の女主人と愛人関係になった。羽振りのよい彼女との付き合いを通じて、上品な趣味を身につけた。その関係を続けながら、彼は店の売り上げを盗んだ。親しい関係を作っておいて、その相手から金品を盗むという彼の手法は、若い頃からすでに始まっていたのである。

洗練された物腰で、紳士にみえる彼には、ほとんど常に女の協力者がいた。と同時に、金持ちや有名人の男と関係し、若い男の愛人も持った。来るものは拒まず、誰とでも同時に付き合った。しかし真に愛したのは男だったと自伝で告白している。

不動産詐欺、宝石店強盗、空き巣などを繰り返し、何度も逮捕され、脱走を繰り返した。定職につくことがあっても、それは盗みのターゲットを品定めするためだった。端的に言うと、ロイ・フォンテーンはバイセクシュアルの職業的窃盗犯であった。

彼が選んだ「世をしのぶ仮の職業」が執事である。一九五〇年代以降、彼はときどき裕福な家の執事として働くようになった。家事使用人の経験はまったくなく、獄中で本を読んで勉強しただけである。求人情報は『タトラー』『カントリーライフ』『ザ・レディ』といった紳士淑女むけの高級雑誌で探した。紹介状は裏社会で偽造し、あとは話術でどうにかなった。書面の紹介状を「レファレンス」と呼ぶが、前の雇い主に電話で問い合わせる前歴照会も同様に「レファレンス」である。ロイは、声色を変えて電話を受け、自分で自分を推薦するという技も使った。

本書で紹介してきたような、第二次世界大戦前の古参の執事たちが、あれほどキャリアの構築に苦心したことを思えば、隔世の感がある。時代の流れによるものか、あ

第一の犠牲者デヴィット・ライト。三流の泥棒で、ロイとは21歳離れており、彼の言いなりだったという証言もある。

10歳頃のロイ。幼少時から映画の世界に魅せられ、上流階級に憧れた彼は、逮捕後も獄中から自分の経歴を華麗に粉飾してメディアに語ることを好んだ。

るいはロイ・フォンテーンの詐欺の才の賜物だろう。

死体を捨てにスコットランドへ

一九七七年、三年の服役を終えたロイ・フォンテーンは、スコットランドに建つ邸宅「カートルトン・ハウス」の執事として雇われた。ほどなく刑務所時代以来の若い愛人デヴィッド・ライトが来て下働きの使用人になった。ロイとしては、しばらく快適な生活を楽しみながら、ゆっくりと女主人の宝石を値踏みするつもりだった。ところがデヴィッドは早く結果をほしがり、犯罪歴をばらすと脅したうえ、酔っ払って発砲したという。我慢できなくなったロイは、彼を銃猟に誘い、撃ち殺してしまう。初めての殺人であった。

結局、匿名の電話により、泥棒であることがばれて、ロイ・フォンテーンはロンドンに移り、元国会議員のスコット＝エリオット氏の執事になる。二人目の犠牲者はスコット＝エリオット夫人だ。盗みのため仲間のキトーを引き込んだところを見咎められ、はずみで窒息死させてしまった。

ロイは旧知の愛人メアリー・コグルを呼び寄せ、殺した夫人に化けさせて、薬で朦《もう》朧《ろう》とさせた主人のスコット＝エリオット氏を連れ出した。キトー、メアリーとともに高級車に乗り込み、スコットランドへ旅立つ。長旅の果てに、夫人の遺体を捨て、主人も撲殺《ぼくさつ》して埋めてしまった。

メアリー・コグルは、偽装のために身につけていたミンクのコートを手放そうとせず、足手まといになったので殺した。最後の犠牲者はロイの弟ドナルド・ホール。もともと嫌いだったが、兄たちの強盗計画についてしつこく首を突っ込んできたために殺した。殺人を重ねるにつれ、しだいに処理が雑になり、動機は軽くなり、逃げ切れなかったのも無理はなかった。

ロイ・フォンテーンは、美しい宝石や骨董品にふれ、上品な服を着こなし、上流の人びとに混じるのが大好きだった。ある雇い主の身元を騙《かた》って、まんまと女王の園遊会に出たことさえあるのだと主張している。

彼は表面的には執事をしていても、心まで執事であったことはおそらく一度もない。それでも、彼の洗練された立ち居振る舞いには、多くの人が騙されてしまった。伝統の仮面を身につけて、格式を演じることができる。ある意味で非常に執事らしい存在であったといえるかもしれない。

ジョージ・スリングスビー、19歳。「ウェルベック・アビー」のフットマンをしていたときのお仕着せ姿。

ポートランド公爵夫人ウィニフレッド（1863〜1954年）。美貌と背の高さで知られ、フレデリック・ゴーストの証言によれば彼女自身6フィート2インチ（188センチメートル）もあったという。ジョン・シンガー・サージェントによる肖像画、1902年。

第8章

執事と主人

美しい貴婦人への崇拝

『あなた、私の新しいフットマンかしら？』と彼女は尋ねた。『ハワード卿から、あなたを採用したと聞きました。会えて嬉しいわ』私は彼女の、低い、歌うような声音を聞いて、なんと優雅な人かと思った。それに、私の予想よりはるかに若かった。あんなに美しい人にはそれまでほとんどお目にかかったことがなかった。『はい、奥方様《ハー・レディシップ》。私はゴーストと申します。お帰りなさいませ』

美しい女主人のそば近くに仕えることは、男たちにとって無上の喜びだった。できれば美しいだけでなく、地位と財産があり、上品で洗練された立ち居振る舞いであればいうことはなかった。ちょうど二〇世紀が始まる頃、フレデリック・ゴーストが「旅行付き添い《トラベリング》フットマン」として仕えたハワード卿夫人は、まさにそのような貴婦人であった。そしてフレデリックは夕食のあと、応接間の外のホールの椅子に座って待機業務につくことを喜んだ。「見えない

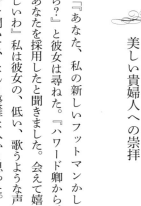

聴衆の一人」として彼女の奏でるヴァイオリンに耳を傾けることができたからである。

奥方様に心酔する若きフットマンは、ほかにもいた。ジョージ・スリングスビーのあこがれの人は、ポートランド公爵夫人ウィニフレッド。すらりと背が高く優雅な身のこなしで、社交界のヒロインだった。彼はそのとき「ウェルベック・アビー」邸の第三フットマンだった。

この邸宅では、大晦日の夜に盛大な仮装舞踏会が開かれる習慣があった。その日が近づくと、階下のスタッフは、公爵夫人は何を着るつもりなのかという話題で盛り上がる。ときおり「おとぎ話の王子様らしい」などの噂が流れてくるのだが、それは夫人自身が流した嘘の情報で、秘密は常に守られるのだった。

あるとき、クリスマスの準備をしながら、男たちは集まって、「付き合いたい女のタイプ」を語り合っていた。ジョージの理想は当然、公爵夫人である。「美しいし、可愛らしいし、性格もいい」――賞賛は過熱し、ついには「もし彼女と踊れるなら、週給の半分払ってもいい」とまで言ってしまう。

軽い発言が運のつき、同僚たちに祭り上げられて、「階上の舞踏会に変装して忍び込み、公爵夫人にダンスを申し込んで、成功したら全員から半ソヴリン金貨を一枚ずつもらう」という賭けに発展してしまった。成功するわけがないと思ったが押し切られて、ジョージは仲間とともに町の衣装屋でピエロの衣装を調達した。胸を高鳴らせつつ滑稽な服に着替え、仮面《ドミノマスク》をつけて会場に滑り込む。夫人の衣装は一七世紀の女優にしてチャールズ二世の愛人、ネル・グウィンだった。

公爵夫人とのダンス

『踊っていただけますか、マダム？』

公爵夫人は微笑み、ダンスフロアに彼を導いた。ほかの踊り手の群れにまじっても、二人のステップは息がぴったりだった。バレるのではないかというジョージのおそれは、ダンスの喜びに包まれて、霧散していった。誰も気をとめていない。自分たちのただなかで、生意気なフットマンが公爵夫人をくるくる回しているだなんて。（中略）

『踊りが上手ね、ぼうや』

ジョージは礼を言い、パートナーがすばらしいから失敗しようがありません、というようなことをもごもごとつぶやいた。すると彼女は、耳に快い声で笑いながら言うのだ。

『まあ、嬉しいことを言うわね。もしあなたが私の第三フットマンだって知らなかったら、プロのダンサーにちがいないって思ったところよ』

気づかれていたのだ。ジョージは恥じ入り、いますぐ床がぱっくり開いて飲み込まれてしまいたいと思った。しかし彼女はまたくすりと笑って「そんな暗い顔をしないで。大晦日ですもの、クビにはしないわ」と言った。

こんな態度をとられたら、ますますのぼせ上がってもしかたないだろう。まるで、主君の妻に絶対的な献身を捧げる、中世の騎士道的恋愛が再現されたかのようである。

きしむ主従関係

親切で高潔で美しい奥様しかいないようなら使用人も幸せだったが、もちろんそんなことはない。一八六〇年代から一九二〇年代まで、さまざまな規模の家で勤めてき

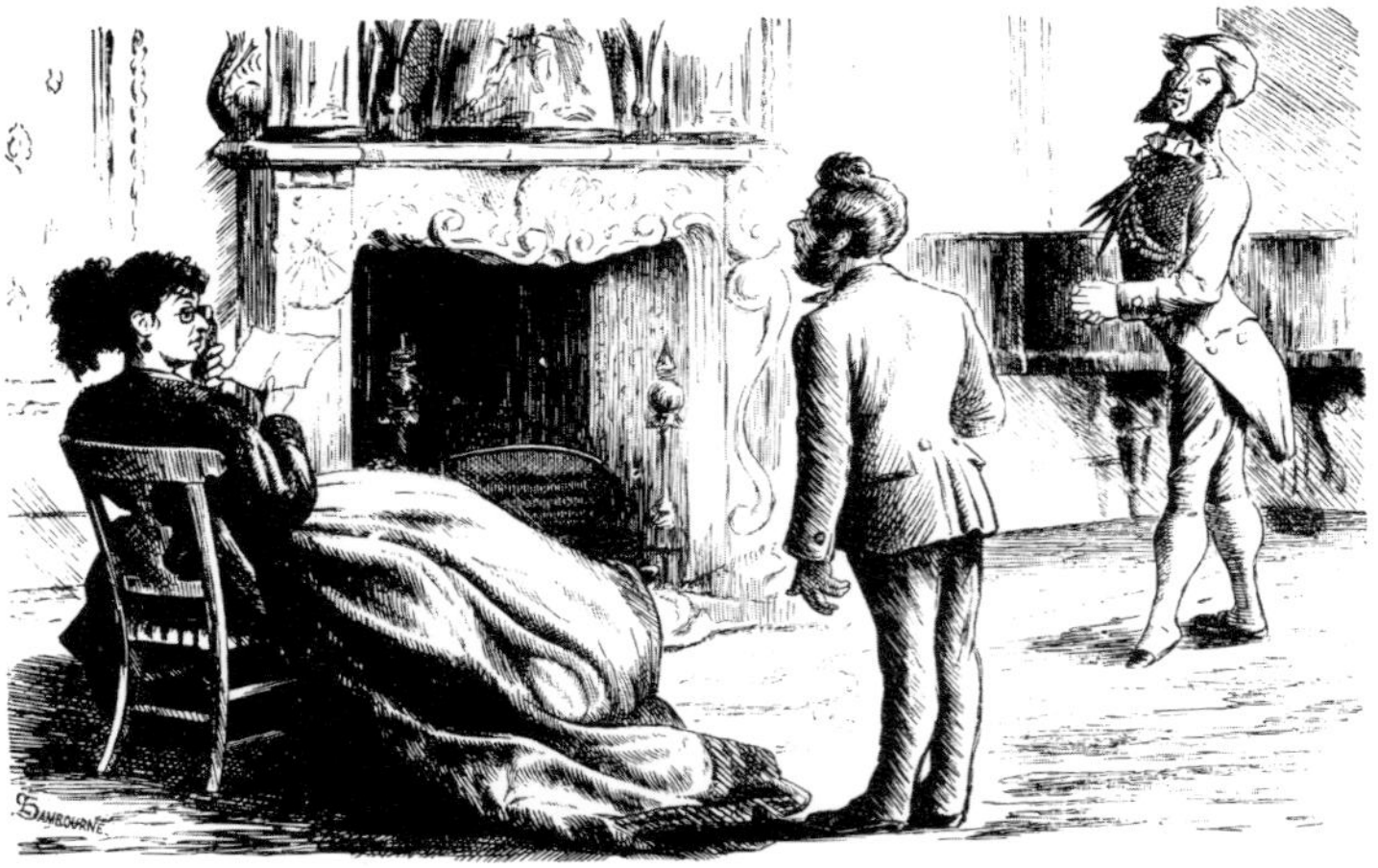

フットマンの面接。まるで馬でも見定めるように、いまいるスタッフと身長が合うかどうかチェックする。『パンチ』掲載。

たエリック・ホーンの体験では「使用人を人間として扱ってくれるよい職場」は、あるにはあるが全体から見てごく少数だったという。そうした家は居心地がいいので前任者はいつまでも辞めないし、誰か辞めても親戚や友人の口コミですぐに埋まってしまい、入り込むのは至難《しなん》の業《わざ》だった。

「使用人は、雇い主の所有物のように扱われる。都合のいいように作ったり壊したりできる。そんなことができるのも、〈紹介状〉のおかげだ。名前のうえでは使用人だが、それ以外の点はすべて奴隷《どれい》と同じなのだ」

エリックのいう「紹介状のおかげ」とは、つまり、盗癖があるとか嘘をつくとか、「能力なし」とか、悪い特徴を紹介状に書くことによって、使用人の将来の可能性を奪ってしまうことである。いくらそれまでのキャリアが輝かしくとも、直近の主人に泥棒と評価されれば、よい職場は望めない。

一八五四年生まれのウィリアム・ランスリーは、使用人のキャリアを重ね、家令としての修業を始めた頃の一八八〇〜九〇年代を回想して「レディたちは使用人のあらさがしばかりしていた」と述べている。「五時のお茶」にやってきたご友人たちに、不平不満をぶちまける。しかし、そんな愚痴が使用人の耳に入ったら、主人たちにも不都合な事態がおきた。

「お返しとばかりにその家は確実にブラックリストに載せられて、求人があっても絶対に行ってはいけないという警告が出回ることになる。世間では、良い使用人があまりにも少ないとさかんに言われている。しかし、個人的にはまったくそうは思わない。使用人のあいだで評判のよい家なら、ポストに空きができたとき、応募者が少なくて困るようなことはない。採用が決まったあと、まだ続々とやってくる求職者に、使用人の足りない他の家の話をしてみても『ありがとう、でもそこにはちょっと行きたくないですね』と断られてしまうということも何度かあった。理由は聞かなくても、同じ使用人として気持ちはよくわかる。そういう家には何かしら問題があるか、不当なぬれぎぬなのかもしれないが、使用人の目から見ればブラックな家という烙印を押されているのだ」

サージェント画による1908～9年頃のナンシー・アスター夫人(1879～1964年)。1919年に、夫のウォルドーフ・アスター氏が父の爵位を継いだことで子爵夫人になった。

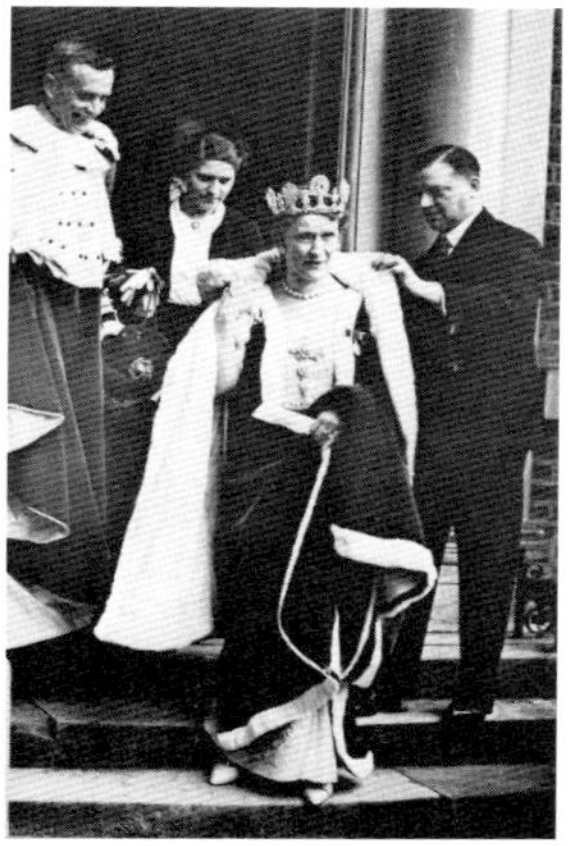

ジョージ六世の戴冠式(1937年)に出かけるアスター子爵夫人。アーミン(オコジョ)の白い毛皮でふちどりされた儀式用ローブの襟を正しているのは、アスター子爵の従者アーサー・ブッシェル。レディーズメイドのロジーナはこのとき、階上で宝石の管理をしていた。

強い奥様と渡り合う

高い給料、衣食住、きちんと区切られた勤務時間などの労働条件は、数値としてほかの家と比較することができる。しかし雇い主や同僚の性格という点で「ブラックな家かどうか」は、なかにいる本人にしか判断できないかもしれない。小言がうるさい奥様だろうと、暴力をふるう旦那様だろうと、それをよしとしてしまう価値観が自分のなかにあれば、致命的な問題にはならないのだ。

エドウィン・リーが仕えたアスター子爵夫人ナンシーは、自己主張が激しく、女性で初めて国会議員として登院したほどの傑物である。彼女はリーが執事になったばかりの頃、まるで「彼を毛嫌いしているかのような」態度で、あらゆる仕事を批判し、干渉してきた。

「部下の働きに支障が出るにいたって、私の我慢もそう長くはもたないだろうという予感がしました。ある夜、彼女は応接間に私を呼び出し、家族の目の前で叱りつけました。もう限界です。

『申し訳ございません、奥様、あなた様を満足させることは、どうやら私には不可能なようです。お暇をいただかなければなりません』

『辞職予告を出すというの、リー?』彼女の目がキラリと光ります。

『ええ、奥様。やめさせていただきます』

私がきびすを返し、出て行こうとすると、彼女が駆け寄ってきました。

『それなら、リー、どこへ行くか教えてちょうだい。私も一緒に行くから』

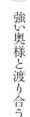

そんなことを言う人を、いったいどうしろというのでしょう！　私たちは思わず笑ってしまいました。それからしばらく、彼女の当たりはやわらかくなりました」

個性的な女主人なりにユーモアをこめて、「ほんとうは頼りにしている」という気持ちを表現したのだろう。若きフットマンたちは、雲上人のレディたちに一方的な敬愛を捧げたが、最高位の執事にまで登りつめれば、距離感もまた変わる。対等とはいえないまでも、コミュニケーションをとることはできたのだろう。

執事は見た、ある紳士の悲劇

エリック・ホーンは、雇い主から五〇〇ポンドの大金をもらいそこねたことがある。それは酒と身分違いの結婚にまつわる悲しい話であった。エドワード七世ともつながりのある、若く裕福な紳士に執事兼従者として仕えていたときのことである。

「働きはじめてすぐ、私はこの家の問題を理解した。主人は、自分よりはるかに身分の低い、商人の娘と結婚したのだ。大勢の良家の若者たちが、女優やコーラスガールやその他もろもろの娘と結婚して人生を台無しにしているが、彼もそのひとりであった」

この夫人は、顔はお人形のように可愛いが気性は最悪で、結婚生活はすぐさま破綻《はたん》する。そして主人はアルコールに溺れた。執事が酒を飲ませたといって夫人に責められるので、エリックはワインセラーの鍵を彼女に引き渡した。酒が切れた主人は、鍵が手に入らないことを知ると、オノを手に取り、扉を叩き壊してしまった。

酒に近づかせないようにどんなに手をつくしても、外に出れば飲んでしまう。泥酔して前後不覚の主人を二輪の辻馬車《ハンサム・キャブ》に乗せて、紳士のクラブから連れ帰ることもしばしばだった。翌朝には胃袋を刺激する風味の強いスープを用意するのだが、ほとんど飲まれることはなく、所望するのはウィス

ロージー・ブート（1878～1958年）アイルランド生まれの女優。ヘッドフォート侯爵夫人となる。彼女の属した「ゲイエティ劇場」の女優たちは「ゲイエティ・ガールズ」と呼ばれ、19世紀末からエドワード七世時代にかけて、その数多くが貴族の夫を射止めた。1901年。

キー・アンド・ソーダだけ。やさしく説得すると、しばらくは聞いてくれるが、夜にはまた逆戻りである。

　執事の苦労はごくたまに報われ、しらふのときの彼はごくまっとうな紳士だった。

「ある日、彼から、紳士の家の使用人を一生続けるつもりかと訊ねられた。私は、十分なお金を貯めたら、辞めて何か小さな商売を始めるつもりですと答えた。

『その商売を始めるのにはいくらかかかる?』と彼は言った。

『五〇〇ポンドもあればまずまずのスタートを切れることかと存じます』と私は答えた。

『そうか』と彼はつぶやく。『どうも、私のことを気にかけてくれる人間はお前ひとりだけらしい。もし、ずっと私と一緒にいてくれるなら、その金額を出してもいいのだが』」

　この心弱い紳士は、関係の悪い妻よりも、身のまわりの世話をすべてしてくれる執事兼従者のほうが愛してくれていると感じたのかもしれない。最後には酒のせいで辻馬車の横転事故まで引き起こし、妻の我慢は限界に達した。彼女は夫を部屋に閉じ込めて鍵をかけてしまう。主人は執事の名を叫びつづけたが、夫人が開けさせなかった。数日後、彼は遺体で見つかる。約束の五〇〇ポンドは、書面にしていなかったので当然もらえず、エリックはただ給料を受け取り、解雇されて終わった。結局のところ、どんな家庭の悲劇も、執事にとってはただ職場で起きたできごとのひとつとして過ぎ去るのみであった。

アングルシー侯爵子息ヴィクター・パジェットとゲイエティ・ガールズのひとりオリーヴ・メイ。1913年に結婚するも、1921年に離婚。しかし彼女は、その翌年には別の伯爵と再婚した。

極限状況における献身

　ビジネスに徹する執事もいれば、仕事を超越して献身する人びともいた。「身分をわきまえ」て、何に関しても自分自身より、雇い主一家を優先して当然と考える使用人たちだ。

　ジョージ・スリングスビーは、サー・フレデリック・オア＝ルイスというカナダ人の大富豪に従者として仕えていたとき、主人の仕事の都合で何度も大西洋を往復した。そして一九一五年五月、ジョージが二六歳のとき、運命の航海に出る。豪華客船ルシタニア号。ニューヨークからの帰途、ドイツ軍のUボートに攻撃を受けて、この船は沈没する運命にあった。日本ではあまり知られていないが、一〇〇〇名以上が犠牲になり、タイタニック号に迫る惨事となったのである。

ジョージは主人と友人のアラン夫人、その若い令嬢二人、そしてアラン夫人のレディーズメイドと同行していた。魚雷が激突し、衝撃が走る。混乱のさなか、彼は救命具を三つ確保し、レディたちを探しに急いだ。

『泣かないでママ、もう大丈夫よ。ジョージが来てくれたから。彼ならきっとどうすればいいか知ってるわ』

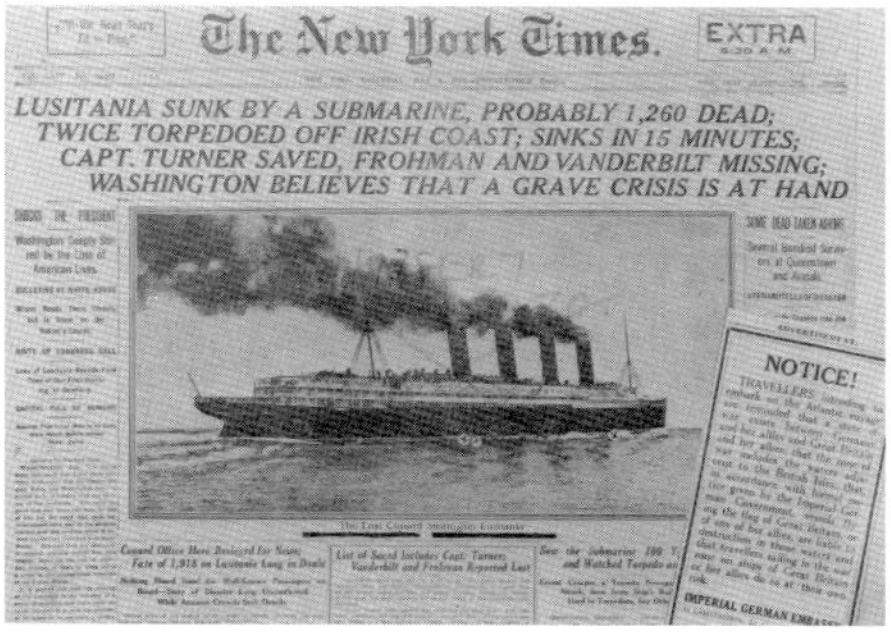
The New York Times. EXTRA
LUSITANIA SUNK BY A SUBMARINE, PROBABLY 1,260 DEAD; TWICE TORPEDOED OFF IRISH COAST; SINKS IN 15 MINUTES; CAPT. TURNER SAVED, FROHMAN AND VANDERBILT MISSING; WASHINGTON BELIEVES THAT A GRAVE CRISIS IS AT HAND
NOTICE!

©Bettmann/CORBIS/amanaimages
ルシタニア号沈没を報じる新聞記事（1915年）。一般客船ながらひそかに兵器を運んでいたのかどうか、タイタニック号沈没（1912年）の教訓は生かされなかったのかなど、謎の検証はいまも続いている。

ジョージは言葉にできない感情に包まれた。かつての使用人の人生を軽蔑する人たちはきっと理解もできないだろう。彼がこの少女たちの言葉から受けた誇りと満足感を。こんな恐ろしい場面でさえも、彼はその力を求められ、信頼を寄せられていた。このような感動を与えてくれる職業がほかにあるだろうか？」

信頼にこたえるように、ジョージは救命具をすべてレディたちに譲り、ボートに乗せて送り出した。そして自分は泳げないにもかかわらず、ボイラーの爆発にあおられて、海に投げ出されてしまう。

船の破片につかまって、かろうじて救助された。残念ながら、彼が命をかけて守ろうとした少女たちは亡くなってしまったが、主人のオア＝ルイス氏とは再会できた。事故は新聞で報じられ、ジョージ・スリングスビーは地元の英雄になった。

彼の娘ニナ・スリングスビー・スミスは、父親の伝記を書き、思いをこめてその職業人としての誇りを代弁した。たしかに立派ではあるが、あまりに特異な状況でもあり、大方の家事使用人がここまでの滅私《めっし》奉公《ほうこう》に生きたとはとても思えない。ただ、もっと素朴なレベルでは、雇い主への献身、一体感を積極的に示そうとする人たちはいた。求められ、信頼されること。それが彼らの報酬だった。

使用人は「家族の一員」か？

家事使用人は、定義のうえでは家族には含まれない。どんなに執事を頼りにし、メイドを大切にする家であっても、教会に行けば別の席に分かれて座るし、日常的に同じ食卓を囲むことはなかった。一九世紀が終わりに近づいた頃、「使用人不足」が社会問題になり、家事使用人の待遇は以前よりも改善されていった。しかしそれでも、当時の良識のラインを踏み越えて「甘くしすぎる」雇い主は、評論誌や新聞で批判にさらされることになったのである。

たとえば一九世紀末、アバディーン伯爵夫人の家で、週に一度、主人と使用人が食事をともにしているという噂が流れた。話はヴィクトリア女王の関心まで惹くスキャンダルとなり、女王はローズベリー卿を通じて事実を調査させた。伯爵夫人は「わが家の世帯構成でも厳しく正統的なルールを

年老いた執事は、いまどきのお嬢様の腰当て（バッスル）ファッションに不賛成。『パンチ』1874年10月17日。

親身なフットマンが、歯が痛いなら角を曲がったとこにある歯医者がいいですよ、とお勧め。「ものすごいハサミの持ち主なんですよ」（「卓越した腕の持ち主」の言い間違い）『パンチ』1892年3月19日。

しています」と弁明したという。当時、伯爵夫妻が使用人の福利厚生と教育を目的とする慈善団体や親善クラブを設立していたことに、尾ひれがついて広まったのである。どんなに親しくしていても、主人と使用人の境界は守られなければならなかった。

一九二〇年代、アスター子爵家の下級執事を務めていたチャールズ・ディーンは、同家を辞めて親戚筋のアリス・アスターの家に行くことに決めた。子爵夫人は彼に面会して問い詰めた。

「『けれど、なぜ私の元を去りたいというの、チャールズ？』

またも危険な質問です。彼女は問題を、巧みに個人的なものにすりかえたのです。使用人はお金を気にするものではないと期待されていたので、私はそこを避けました。

『出世がしたいのです。それから、旅行をしたいと切望しております』

『あら、旅行ならできるわよ。好きな映画のフィルムをいくらでも借りてあげる。作業室で上映すれば、のんびり世界中を見てまわれるでしょう』

そんなことを言われても何も返せず、私はただ間抜け面で微笑みながら突っ立っていました。

『寂しくなるわ、チャールズ』

それこそが、私のほしかった言葉でした。

『けれど、私はこれから先もファミリーの一員です。奥様』

私の返事を、彼女は少し吟味してから言いました。

『そうね、それで満足しておかなくちゃいけないようだわ。何年うちにいた？』

四年です、と私は答えました」

たてまえとしての親密さ。ファミリーという感覚。けれどもどうしても相容れない、わかり合えない境界線が引かれている様子がうかがえるやりとりである。

花嫁の父親代わり

「踏み越えられない分際」はあくまでも守りながら、擬似的な家族の絆のようなものを築く例はほかの家にも見られた。その関係の形はさまざまである。

　前章でふれたとおり、一九世紀初頭の「ホーカム・ホール」では、主人のトーマス・コーク氏と、忠実で有能な「エージェント」のフランシス・ブレイキーが、二人三脚で領地の運営をおこなっていた。主人の最初の夫人は一八世紀の終わりに亡くなり、末娘のエリザベスが「女主人役」を引き受けていた。男女の使用人を任免《にんめん》したり、使用人の紹介状をみずから書くなど精力的に家内を切り盛りした。風紀にも厳しく、メイドたちの服装を統制し、「髪をカールさせるペーパーや、その他のお洒落な装身具を禁止させた」という。

　そのような厳しい管理体制にもかかわらず、令嬢にして女主人のエリザベスは使用人から愛された。主人のコーク氏は、スタッフや借地人に対して父親のごとき温情で接していた。その恩に対する礼が、領主の娘に返されたものらしい。

　一八二二年、コーク氏は再婚し、エリザベスも結婚することになった。そのときブレイキーは、未来の夫が彼女にふさわしい人物かどうかを自らチェックしたという。交友関係はどうか？　借金は作っていないか？　生活は派手好みでないか？「コークのお嬢様の幸せを託すのにふさわしい人物か？」

　幸い花婿候補は全項目に関してブレイキーのチェックをパスし、彼はエリザベス嬢に結婚祝いとして首飾りを贈った。上等なトパーズのロケットで、ダイヤモンドがはめてあり、三ヤード半（＊三・二メートル）の

「ホーカム・ホール」の主人、トーマス・コーク（1754～1842年）。ヴィクトリア女王即位の年、1837年に伯爵の位を授与された。ゲインズバラによる若き日の肖像画。

金のチェーンがついていた。
結婚や再婚をするレディから、彼をどう思う？　と聞かれた経験を持つ執事はほかにもいる。どんな紳士淑女も、日常の世話をすべて任せる使用人に対して、自分を取りつくろうことはできない。社交界に出入りする人物の評価は、使用人の横のつながりを通して知るのが確実であったのだろう。

職業意識の暴走

令嬢の幸せを願う程度ですめばいいが、行き過ぎた保護欲を持ってしまう使用人もいた。主人の持ち物を大事にしすぎて、必要なときにも出そうとしないのである。ウィリアム・ランスリーは一九世紀末、そんな下級執事に出会ったことがある。

「下級執事は変人で、この家に長年仕えているうちに、銀器は自分のものであり、自分の考えにしたがって並べるのがもはや当然と考えるまでになっていた。ハウスパーティーの期間、彼はテーブルの装飾に対し、毎晩違うアイデアを出してみせた。もし奥方様が、すでに完成した食卓からいくつか変更するよう指示すると、彼はひどく動揺し、その夜はふてくされた様子でエールをあおるのだった。ただし、この悪いくせを除けば、この下級執事はすばらしく精緻に仕事をおこなうことができた——実際のところ、彼は魂のすべてを仕事に捧げていた」

上等なリネンや陶磁器の守護者であるハウスキーパーのなかにも、同様の行動パターンが見られた。また、庭師頭たちは、自分が手塩にかけて育てている最中の野菜が、まだ若いうちにキッチンに奪われていくのを憎み、「農作物の殺害だ」と嘆いた。

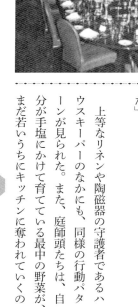

ここにあげた彼らはみな、まじめに職務に取り組む人びとではあった。しかし、あまりにも自分の目の前の仕事に熱中しすぎて、誰かにサービスをするから使用人《サーヴァント》である、という本来の目的を忘却してしまったのである。

磨き抜かれた銀器が輝く、アメリカの英国大使館での晩餐。外国においてこそ、伝統的な英国らしい使用人のサービスは重宝された。1960年代。

主人の名前と地位をいただく

第7章でふれたように、使用人が主人の持ち物を文字どおりわがものにしてしまう着服・横領の例は頻繁に発生していた。本章で見てきた「主家への帰属意識」の延長として考えると、そこには「自分の家の」食べ物や衣服を自由に利用するのは当然、という感覚があったのではないだろうか。主従の境界線を、故意にせよ無意識にせよ突き崩し、家と自分を一体化したのである。

滞在型のハウスパーティーでは、来客は自分の個人付きの使用人を連れてくる。彼らは訪問先の家の使用人ホールでもてなされるが、そのとき自分の名でなく、主人の苗字で呼ばれることもある。あるときホーカム・ホールの主人の孫娘は、ひとりの男性使用人がほかの男に「おいスタナップ、

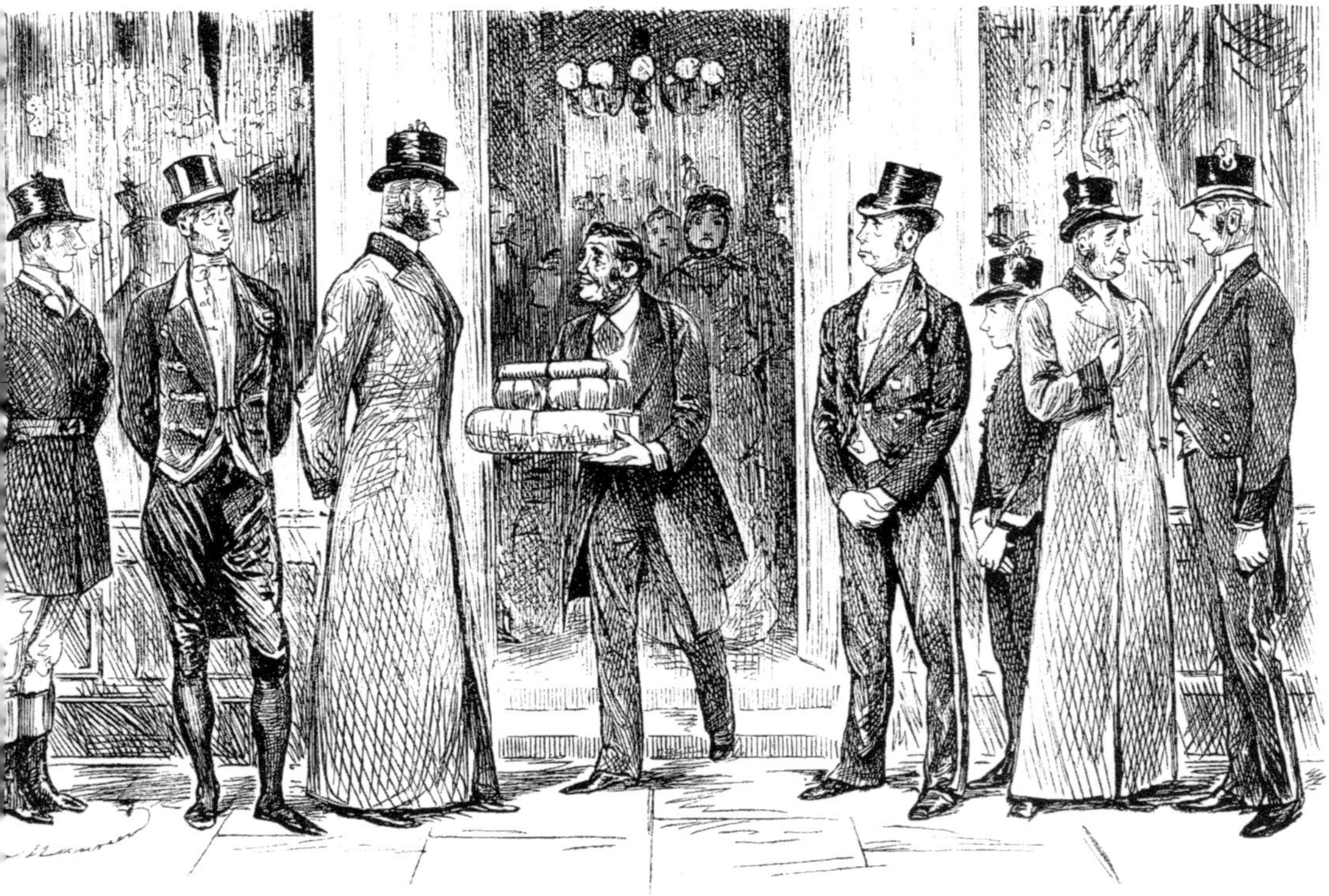

店員「ベイズウォーター公爵はあなた様ですかな?」堂々たるフットマン「俺だ!」主人の栄誉を笠に着る。『パンチ』1883年8月18日。

ローズベリーのブーツは磨いたか?」と言っているのを聞いて面白がった。どちらもよく知られた伯爵の名前である。まるで仲良しの貴族同士がみずから靴磨きをしているかのように聞こえたのだ。

　使用人は自分の仕える家の地位を引き継いで、互いに格付けし合う。貴族の家の使用人のほうが、ただの地主の使用人より明らかに格上だった。だからこそ彼らは、自分自身の使用人としての階位はもちろん、勤める家のランクも上げていくことに躍起になった。

　チャールズ・ディーンは、一九二〇年代から三〇年代にかけて仕えた女主人のアリス・アスターが、離婚と結婚を繰り返すさまを目の当たりにした。執事兼従者として、直接仕える相手は男性の主人であったにもかかわらず、離婚が成立しても彼は夫人の側に残りつづけた。一人目の夫はロシアの貴族で、ロシア革命により自身の財産を失っていた。二人目はオーストリア人作家の息子。そして三人目の夫となる予定の人物の素性を知ったとき、ディーンはついにこの家をやめざるをえないと決断した。「共産主義者の新聞編集委員」であった男を主人にするなど、とても耐えられなかったの

女主人「でもビングス、辞めたいという理由はなんだい?」執事「御主人様でございます。きのうあの方は、まるで自分がこの城のあるじのような口ぶりでわたくしに話しかけてきたのでございます」上下関係の不具合。『パンチ』1921年5月11日。

ジョン・トマス「フランスでは猟場番人だとかゴミクズどもにまで選挙権をやろうとしてる。俺たちとは相容れないな!!」『パンチ』1884年3月15日。

だ。不倫や離婚は許容できても、財産の私有を悪とし、階級差をなくそうとする共産主義はいただけない。ディーンのよって立つ価値観とは対極の存在だったのである。とりわけ上級の使用人は、場合によっては貴族以上に保守的で、みずから階級社会を守ろうとする傾向があった。

歴史の目撃者たち

使用人という仕事は、労働する男性のなかで、必ずしも高く評価されるものではなかった。男らしくない仕事であるという見方もあった。少年時代、執事の道を志すことを表明すると、周囲から「他人にペコペコする仕事」「本物の仕事じゃない」というような否定的な反応を受けたという回想も散見される。

一方で、出世してランクの高い貴族の家の上級使用人になれば、地域社会でひとかどの人物として扱われることもできた。主人の権勢を衣服のように身にまとい、主人の財産を動かす力を持っていたからだ。

高い報酬や良い待遇、主人からの感謝、そして地元の商人から敬われるということなどのほかに、執事たちの心をときめかせたことといえば、おそらく王室の人びととの遭遇だろう。

ジョージ・スリングスビーの野望のひとつは「エドワード七世に給仕すること」であり、若くしてそれをかなえた。「王室フットマン」になったフレデリック・ゴーストや「王室家令」のアーネスト・キングも、やはり王、女王、プリンス、プリンセスとの遭遇を誇らしく思っていた。

彼らの伝記には、たいてい王室との接触が、人生のハイライトとして誇らしげに書き込まれている。「王家の執事になりたかった」(けれども身長が足りなかった) 辛辣なエリック・ホーンも、ジョージ五世との出会いを懐かしく回想しているのである。

文化人や有名人に出会ったことも記憶に刻まれた。作曲家のコール・ポーターは当時の有名人で、あちこちの上流家庭に招かれたため、よく記録に顔を出す。アーネスト・キングは、彼がピアノを弾いて、名曲「ビギン・ザ・ビギン」を生み出す瞬間に居合わせたと書いている。

ジョージ・ワシントンは、第二次世界大戦中、オックスフォードシャーの「ディッチリー・パーク」という名の邸宅に勤めていた。一九四〇年の晩秋からその家は、ただの個人宅から、戦局を左右する重要な場所に変わる。ウィンストン・チャーチルが空襲を避けて週末をすごす家に選ばれたからである。首相の身の安全のため、使用人はみな機密を守ることを誓わされた。彼らは一致団結してことにあたり、もちろん家族や友人にさえ秘密はもらさなかった。ジ

ロンドンのソビエト大使館にて、1941年8月29日に行われた昼食会。連合国側の政府を代表する面々が集った。テーブル右列の中央に当時の英国首相チャーチルがいる。歴史的な会食で給仕を担当する使用人の胸中は?

女王陛下の肖像画を誇らしげに背負い、アメリカ、ワシントンの英国大使館で働く執事のチャールズ・ディーン。

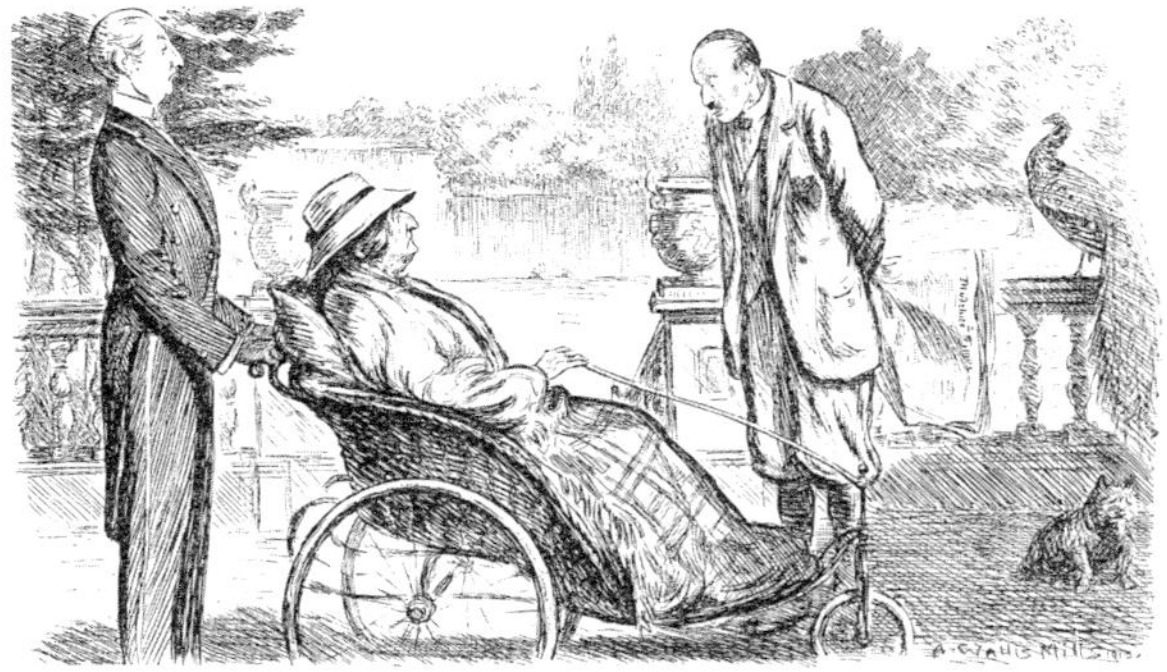

上流社会の黄昏。近隣の地主仲間は土地を手放して外国に去った。「この地域の人口は母さんと私だけになってしまいましたね」という領主（右）だが、その「人口」には、老婦人の車椅子を押すフットマンや犬や孔雀は入っていない。『パンチ』1913年5月28日。

トレードマークの葉巻を手にしたウィンストン・チャーチル（1874～1965年）。

芝居に参加する若き日のピーター・ホワイトリー。シンデレラの姉役をきっかけに、女装役者として地元ではちょっとした人気者になっていた。

ョージ・ワシントンはチャーチルの滞在中の従者役をおおせつかった。首相は、世間で思われているほど大酒は飲まず、葉巻も、吸うためというよりは自分のシンボルとしてくわえているように彼には思えた。毎週土曜日の夜には、ホールでプライベートに映画を上映させて楽しんだ。ジョージ・ワシントンがチャーチルと同席して見た映画は「風と共に去りぬ」であった。

主人と自分を一体化し、主人の高い地位にみずからを溶け込ませることで、ふつうの人にはとても近づけないような、歴史的な場面に立ち会える。有名人の身近に仕え、意外な素顔を知ることができる。こうしたことこそ、家事使用人という仕事の醍醐味であった。

役者としての執事

年老いた未亡人は、そばに仕えるフットマンに思い出を語る。離婚を前にした貴族は、家族に話せない悩みを執事に打ち明ける。しかし、悩みに答えを出すことは求められない。主人や奥様たちは、ただそこに立って、神妙な顔をして聞いてくれる存在がいてほしいだけなのである。

そこにいてほしいが、知的で奥深い会話はとくに求めない。ただ、きちんと装って立ち、安心させてほしい。男性使用人には、そうしたオーナメントとしての役割が与えられていた。

ピーター・ホワイトリーは一九三〇年生まれで、使用人の世界で働きはじめたときには、もう第二次世界大戦が終わっていた。エリザベス二世の載冠式（一九五三年）の頃、彼は王室の使用人をめざそうと決意する。「王室フットマンのお仕着せが〈シンデレラ〉の舞踏会の場面を思わせた」からである。彼はかつてアマチュア劇団の役者をしており、「シンデレラ」も演目にあった。

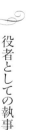

王室のフットマンに応募するが、不合格になった。くやしい思いで帰路につきながら、「もう児童劇《パントマイム》の内容なんか信じないぞ」などと心に決めた。しかし家事使用人の道は続け、アスター子爵子息マイケル・アスターの家のフットマンになった。結局はおとぎ話のようなお仕着せを身に着けることになったのだ。

戦後の時代に家事使用人をめざした元役者のピーターは、始まりのときから、使用人とはオーナメントを演じるものだと自覚していたのだろう。いうなれば、現代にあって古きよき時代を再現する、虚構の「舞台」に、みずから足を踏み入れたのである。

執事たちが主人や奥様、令嬢との関係を語った回想録の数々は、実話でありながら驚きのドラマに満ちており、小説や戯曲や映画の世界に思えてくるほどだ。アスター夫人と彼女の歴代執事たちの会話は、オスカー・ワイルドの喜劇のごとくにウィットに富んでいる。貴婦人にあこがれるフットマンたちの心情は、まるでロマンス小説のよう。アルコールに屈したエリック・ホーンの主人の悲劇は、イヴリン・ウォーの『ブライズヘッドふたたび』に似て見える。ジョージ・スリングスビーが語るルシタニア号の冒険譚は、「タイタニック」の映画でも見ているようだ。事実は小説より奇なり、とは言えるだろう。

あるいは自分の仕事人生を、たしかに成功であったという満足感とともに振り返るとき、物語のようにロマンチックな演出で彩りたくなるものなのかもしれない。そんなとき、冷たい風の吹き過ぎる折りたたみベッドに寝た頃の感覚や、洗い場に引きこもって、会うことすらまれだった最下層のメイドたちの不満顔などは忘れてしまうのかもしれない。執事たちの顔は、彼らが心酔する主人や奥様の方に向いている。

それもこれもすべて後付けの想像にすぎず、真相はわからない。ただ彼らの目に映った真実が書き残されているだけだ。

そしてふたたび執事の幻想

エリック・ホーンは、一九二三年に出版された自伝において、このように語っている。

「執事という存在はどんどん少なくなっている。実際のところ、もうまもなくドードー鳥のごとくに絶滅するだろう。そうしたら考古学者は、まあ、それ以外の誰でもいいが、サンプルを捕まえて剥製《はくせい》にし、大英博物館に飾ればいいのだ。分類のラベルにはこう書く。〈これは英国執事の見事な標本。口答えしないことは保証済み〉」

馬車の後ろに立つフットマンを孔雀になぞらえた諷刺画。飾り以外の何かには役立ちそうもない。『パンチ』1860年8月4日。

ところが——彼の予想に反して、執事という存在は、二一世紀の現代にも生き延びた。高級ホテルで、宿泊者に徹底的なサービスを提供する、コンシェルジュの一種として。あるいは、ハリウッドスターや中東、中国などの億万長者の家事管理者《ハウスホールド・マネージャー》として。二〇〇五年二月のBBCの記事や、二〇〇八年三月の『ニューヨーク・タイムズ』では、英国式を売りする執事のサービスに人気が集まっていることが紹介されている

（そして、このように執事に関連したメディア記事で

カズオ・イシグロ原作の映画「日の名残り」（1993年）。執事のスティーヴンスが、20世紀の初頭、二つの大戦のあいだの時代に貴族に仕えた日々を回想する。「英国執事らしい」イメージを凝縮したような作品。写真協力・公益財団法人川喜多記念映画文化財団

面接風景。「自分はオーナメントとして雇われるのか、それとも仕事を要求されるのか、そこを最初にお尋ねしておきたいんですが」19世紀の半ば、男性使用人はすでにこのような目で見られていた。『パンチ』1854年2月4日。

は、たいていP・G・ウッドハウスによる古典的なユーモア小説「ジーヴス」シリーズが枕に使われる）。ただし、いまや彼らの出身国は英国とは限らない。また、かつてのように男性だけが独占する職業でもなくなっている。

「アイヴァー・スペンサー執事学校」や「国際執事アカデミー」など、長年のあいだ王室や個人宅で執事をしていたという人物の設立した「執事学校」が、いくつも存在する。その公式ウェブサイトには、まるで映画から抜け出てきたような黒い服と白い手袋を身につけて働く執事のイメージが掲載されている。ただコンシェルジュサービスを提供するだけが目的なら、モーニングスーツなどは非効率的なはずだ。執事のサービスを受けたいと願う人のなかには、彼らが「伝統的な英国執事」の役を演じ、フィクションの世界でなじんだイメージのとおりに振る舞ってくれるという期待があるのだろう。

過去の執事たちの体験から架空の世界へ、そして架空の世界から現代の執事像へ。イメージは循環し、いまもまだ生き続けている。

「執事を失った嘆き」をうたった諷刺詩より。「おお！　わが執事よ、戻っておくれ、私はひとり戸惑い迷う。彼なしの暮らしが自由というなら、自由などなくて良い。優雅にして重厚なその姿——」「由緒正しき燕尾服よ、我が家に〈品格〉を加えてくれた、彼なしではわが魂は放蕩に堕す、おお、わが執事よ戻っておくれ！」執事を雇えばひとつ格上の暮らしができると思われていた。『パンチ』1892年8月20日。

著者	書名	出版社	出版年
Nicholson, Shirley	A Victorian Household	Sutton Publishing	1998
Nicol, A. M.	The MONSTER BUTLER	Black & White Publishing	2011
Streatfield, Noel	The Day Before Yesterday	Collins	1956
Olian, JoAnne	Elegant French Fashions of the Late Nineteenth Century	Dover Publications, Inc.	1997
Pepper, Terence	HIGH SOCIETY : PHOTOGRAPHS 1897-1914	National Portrait Gallery	1998
Powell, Margaret	Below Stairs	Peter Davies	1968
邦訳：マーガレット・パウエル　村上リコ訳	英国メイド　マーガレットの回想	河出書房新社	2011
Sambrook, Pamela A.	The Country House Servant	Sutton Publishing	1999
Sambrook, Pamela	Keeping Their Place	Sutton Publishing	2005
Seymour, John	Forgotten Household Crafts	Doring Kindersley	1987
邦訳：ジョン・セイモア　小泉 和子監訳　生活史研究所訳	図説 イギリス手づくりの生活誌	東洋書林	2002
Sims, George R.	Edwardian London: Vol 1 ～ 4	The Village Press	1990
Slingsby Smith, Nina	George Memoirs of a Gentleman's Gentleman	Johnathan Cape	1984
Stationary Office, The	Whataker's Almanack 1900: Facsimile Edition	The Stationary Office	1999
Thomas, Albert	Wait & See	Michael Joseph Ltd	1944
Thompson, F. M. L.	English Landed Society in the Nineteen Century	Routledge & Kegan Paul	1963
Turner, E. S.	What The Butler Saw	Penguin Books	2001
Warwick, Sarah	UPSTAIRS & DOWNSTAIRS	Carlton Books	2011
Waterfield, Giles and French, Ann and Craske, Matthew	Below Stairs: 400 years of servants' portraits	National Portrait Gallery	2003
Wilson, C. Anne	Food for the Community	Edinburgh University Press	1993
R・D・オールティック　村田靖子訳	ヴィクトリア朝の緋色の研究	国書刊行会	1988
小池滋　編	ヴィクトリアン・パンチ	柏書房	1995-1996
小林章夫　編集・解説	ブリティッシュ・サーヴァント	ユーリカ・プレス	2006
高橋裕子・高橋達史	ヴィクトリア朝万華鏡	新潮社	1993
長島伸一	世紀末までの大英帝国	法政大学出版局	1987
ロバート・W・マーカムソン　川島昭夫・沢辺浩一・中房敏朗・松井良明訳	英国社会の民衆娯楽	平凡社	1993
松村昌家	『パンチ』素描集　19世紀のロンドン	岩波書店	1994
松村昌家　監修	The Graphic : An Illustrated Weekly Newspaper	本の友社	1999-2006
水谷三公	王室・貴族・大衆	中央公論社	1991
村岡健次	ヴィクトリア時代の政治と社会	ミネルヴァ書房	1980
村岡健次 川北稔編著	イギリス近代史［改訂版］	ミネルヴァ書房	2003
村上リコ	図説 英国メイドの日常	河出書房新社	2011
森護	英国の貴族　遅れてきた公爵	大修館書店	1987

あとがき

『図説　英国メイドの日常』につづけて、「ふくろうの本」シリーズで二冊目の本を書き上げることができました。

二冊目だから作り方もわかっているし、少しは楽にできるだろう、図版も前より少なそうだから、ちょっとページも減らしたりして――なんて思ったのが運の尽き。ふたをあけてみたら執筆期間も枚数もふくらみ、まったく目論見どおりにはいきませんでした。

ただ女を男に置き換えるだけでいいわけはない。執事はメイドの男性版ではない。いろいろな資料を読みすすめるほど、むしろ一〇〇年前の英国社会における男女の違い、非対称性がきわだってゆくようでした。「執事」が主役の本ではありますが、そうした部分にも目を向けていただければ幸いです。

時代は変わって、男女の関係も、階級社会も、雇用・被雇用の関係も変わり続けています。現代に現れる「英国執事」のイメージは、「古きよき」社会を、ロマンティックに浄化して見せてくれる存在なのでしょう。そのイメージの上澄みだけを、あくまで「物語」として遊ぶことを、私はさほど悪いことだとは思いません。ただ、旧弊な時代にうっかり逆戻りしないよう、注視していかなければならないのは確かだけれど。

執事もメイドも女も男も、みんなが生きやすい世の中になることを祈って。

二〇一二年五月

村上リコ

参考文献

著者	書名	出版社	出版年
A & C Black Publishers Limited	Titles and Forms of Adress Twenty-first edition	A & C Black	2002
A Member of the Aristocracy	MANNERS AND RULES OF GOOD SOCIETY Sixteenth Edition	Frederick Warne and Co,	1890
A Member of the Aristocracy	MANNERS AND TONE OF GOOD SOCIETY 2. ed,	Frederick Warne and Co,	c1880
Adburgham, Alison	Yesterday's Shopping The Army & Navy Stores Catalogue 1907	David & Charles	1969
Adburgham, Alison	Victorian Shopping Harrod's 1895 Catalogue	St. Martins Press	1972
Asquith, Cynthia	REMEMBER AND BE GLAD	James Barrie	1952
Bapasola, Jeri	Household Matters: Domestic Service at Blenheim Palace	Blenheim Palace	2007
Barstow, Phyllida	THE ENGLISH COUNTRY HOUSE PARTY	Sutton Publishing	1989
Bath, The Marchioness of	Before the Sunset Fades	The Longleat Estate Company	1951
Beeton, Mrs and Humble, Nicola	Mrs Beeton's Book of Household Management	Oxford University Press	2000
Burnet, John	Useful Toil	Routledge	1994
Campbell, Lady Colin	Etiquette of Good Society	Cassell and Company Limited	1893
Cartwright-Hignett, Elizabeth	LILI AT AYNHOE	Barrie & Jenkins	1989
Cooper, Charles W.	TOWN AND COUNTY	Lovat Dickson	1937
Cunnington, Phillis	Costume of Household Servants From the Middle Ages to 1900	Barnes & Noble	1974
Davies, Jennifer	The Victorian Kitchen	BBC Books	1989
邦訳：ジェニファー・デイヴィーズ　白井義昭訳	英国ヴィクトリア朝のキッチン	彩流社	1998
Dawes, Frank	Not in Front of the Servants	Taplinger Publishing Company	1974
Debrett's Peerage Limited	Debrett's Correct Form	Headline Book Publishing	2002
Doré, Gustave	Doré's London	Dover Publications, Inc.	2004
Druesedow, Jean. L.	Men's Fashion Illustrations from the Turn of the Century	Dover Publications, Inc.	1990
Drury, Paul	Audley End	English Heritage	2010
Durant, David N.	Life in the Country House: a Historical Dictionary	John Murray	1996
Evans, Hilary and Mary	The Party That Lasted 100 Days	Macdonald and Jane's	1976
Evans, Siân	Life below Stairs	The National Trust	2011
Gardiner, Juliet	Manor House, Life in an Edwardian Country House	Bay Books	2003
Gerard, Jessica	Country House Life: Family and Servants, 1815-1914	Blackwell	1994
Girouard, Mark	Life in the English Coutry House	Yale University Press	1978
邦訳：マーク・ジルアード　森静子・ヒューズ訳	英国のカントリー・ハウス　上・下	住まいの図書館出版局	1989
Gorst, Frederick John and Andrews, Beth	of Carriages and Kings	Thomas Y. Crowell	1956
Holden, Paul	Lanhydrock	The National Trust	2007
Hall, Roy Archibald	A Perfect Gentleman	Blake Publishing Ltd	1999
Hardyment, Christina	Behind the Scenes	The National Trust	1997
Harrison, Rosina	ROSE: My Life in Service	The Viking Press	1975
Harrison, Rosina	GENTLEMEN'S GENTLEMEN	Arlington Books	1976
Hartcup, Adeline	Below Stairs in the Great Country Houses	Sidgwick and Jackson	1980
Horn, Pamela	LADIES of the MANOR	Alan Sutton Publishing	1991
Horn, Pamela	High Society	Alan Sutton Publishing	1992
Horn, Pamela	Life Below Stairs in the 20th Century	Sutton Publishing	2003
Horn, Pamela	The Rise and Fall of the Victorian Servant	Sutton Publishing	2004
邦訳：パメラ・ホーン　子安雅博訳	ヴィクトリアン・サーヴァント	英宝社	2005
Horn, Pamela	Life in the Victorian Country House	Shire Publications	2010
Horne, Eric	What The Butler Winked At	T. Werner Laurie, Ltd	1923
Hudson, Roger	THE JUBILEE YEARS 1887-1897	The Folio Society	1996
Huggett, Frank E.	Life Below Stairs	John Murray	1977
Inch, Arthur and Hirst, Arlene	DINNER IS SERVED	Running Press	2003
James, John	The Memoirs of a House Steward	Bury, Holt & Co, Ltd	1949
Jubb, Michael	Cocoa & Corsets	HMSO Publications	1984
King, Ernest	THE GREEN BAIZE DOOR	William Kimber	1963
Lambert, Anthony J.	Victorian and Edwardian Country-House Life: from old photographs	B. T. Batsford	1981
Leicester, The Earl of	Holkham	The Earl of Leicester, Coke Estates Ltd	2004
Lucas, Norman & Davies, Philip	The Monster Butler	Weidenfeld and Nicolson	1979
Malan, A. H.	More Famous Homes of Great Britain	G. P. Putnum's Sons	1899
Margetson, Stella	Victorian High Society	B. T. Batsford	1980
Martin, Brian P	Tales of the Old Gamekeepers	David & Charles	1989
Martins, Susanna Wade	COKE of NORFOLK 1754-1842	The Boydell Press	2009
Mitchell, Sally	Daily Life in Victorian England	The GreenwoodPress	1996
Mullins, Samuel and Griffiths Gareth	Cap and apron: an oral history of domestic dervice in the Shires, 1880-1950	Leicestershire Museums, Arts & Records Service	1986
Musson, Jeremy	Up and Down Stairs	John Murray	2009

●著者略歴

村上リコ（むらかみ・りこ）

文筆・翻訳家。東京外語大卒、千葉県生まれ。一九世紀から二〇世紀初頭のイギリスの日常生活、特に家事使用人、女性と子どもの生活文化をテーマとして活動している。『英國戀物語エマ』『黒執事』などアニメーション、コミックのアドバイザーも務める。

著書に『図説　英国メイドの日常』『図説　英国貴族の令嬢』『図説　英国社交界ガイド』『図説　ヴィクトリア女王の生涯』。翻訳にマーガレット・パウエル『英国メイド　マーガレットの回想』ヴィタ・サックヴィル＝ウェスト『エドワーディアンズ』（以上　河出書房新社）シャーン・エヴァンズ『図説　メイドと執事の文化誌』（原書房）A・M・ニコル『怪物執事』（太田出版）トレヴァー・ヨーク『図説　イングランドのお屋敷』『図説　英国のインテリア史』（以上　マール社）。共著に『ヴィクトリア時代の衣装と暮らし』（新紀元社）など。

ウェブサイト　http://park2.wakwak.com/~rico/

ふくろうの本

新装版

図説　英国執事　貴族をささえる執事の素顔

二〇一二年　六　月三〇日初版発行
二〇一九年　一　月二〇日新装版初版印刷
二〇一九年　一　月三〇日新装版初版発行

著者……………………村上リコ
装幀・デザイン……………高木善彦
発行者…………………小野寺優
発行……………………株式会社河出書房新社
〒一五一－〇〇五一
東京都渋谷区千駄ヶ谷二－三二－二
電話　〇三－三四〇四－一二〇一（営業）
〇三－三四〇四－八六一一（編集）
http://www.kawade.co.jp/
印刷……………………大日本印刷株式会社
製本……………………加藤製本株式会社

Printed in Japan
ISBN978-4-309-76277-7